Heinrich Bulthaupt
Carl Loewe. Deutschlands Balladenkomponist

SEVERUS Verlag

ISBN: 978-3-95801-199-1
Druck: SEVERUS Verlag, 2016

Der SEVERUS Verlag ist ein Imprint der Diplomica Verlag GmbH.
Bibliografische Information der Deutschen Nationalbibliothek:
Die Deutsche Nationalbibliothek verzeichnet diese Publikation in der Deutschen National-
bibliografie; detaillierte bibliografische Daten sind im Internet über http://dnb.d-nb.de
abrufbar.

© SEVERUS Verlag, 2016
http://www.severus-verlag.de
Printed in Germany
Alle Rechte vorbehalten.
Der SEVERUS Verlag übernimmt keine juristische Verantwortung oder irgendeine Haftung
für evtl. fehlerhafte Angaben und deren Folgen.

Heinrich Bulthaupt

# Carl Loewe. Deutschlands Balladenkomponist
## Biografie

NACH DEM GEMÄLDE VON MOST.

Bulthaupt, Loewe.

# CARL LOEWE

DEUTSCHLANDS BALLADENCOMPONIST

VON

HEINRICH BULTHAUPT

# INHALTS-VERZEICHNISS.

1. Zur Einführung in das Wesen und die Entwickelung der Ballade . . . . . Seite 1
2. Werden und Wachsen . . . . . . . . „ 18
3. Loewe als Balladencomponist . . . . . . . „ 25
4. Heimath und Fremde . . . . . . . . „ 54
5. Abseits vom Reich der Ballade . . . . . „ 68
6. Ausgang . . . . . . . . . . . . . „ 100

## ZUR EINFÜHRUNG IN DAS WESEN UND DIE ENTWICKELUNG DER BALLADE.

Was ist eine Ballade? Ob von hundert Gebildeten, die Mignons Lied »Kennst du das Land, wo die Citronen blüh'n« lesen oder singen, auch nur neunzig auf den Gedanken kommen würden, das Gedicht eine Ballade zu nennen? Wir alle wissen ja, dass nichts in ihm »geschieht«, dass sich auch nicht der leiseste Ansatz zu dem, was wir im dramatischen Sinne eine Handlung nennen, in ihm findet. Es ist ein monologischer Gesang des seltsamen, trauernden Kindes. Nur im Geist richtet Mignon die Fragen, die sie stellt, an den, der ihr Beschützer, Vater und Geliebter ist — »Kennst du das Land?« — »Kennst du das Haus, auf Säulen ruht sein Dach?« — »Kennst du den Berg mit seinem Wolken-

Rechte Seitengruppe
des Stettiner Loewe-Denkmals.
Von Hans Weddo von Glümer.

steg?« — und sie selber ist es, die sie beantwortet: »Dahin, dahin, möcht' ich mit dir, o mein Geliebter zieh'n«. Und dennoch hat Goethe das Gedicht eine »Ballade« genannt, denn unter dieser Bezeichnung findet es sich, von dem Boden des Romans, dem es angehört, dem »Wilhelm Meister«, losgelöst, in des Dichters »Gesammelten Werken«. Und unter derselben Bezeichnung vereinigt Goethe mit so monumentalen, breit angelegten Dichtungen, wie es »Die Braut von Korinth« und »Der Gott und die Bajadere« sind, mit seinem so ganz von klopfendem, fieberndem dramatischen Leben erfüllten »Erlkönig« auch das Lied des Rattenfängers: »Ich bin der wohlbekannte Sänger«, den »König in Thule«, das »Hochzeitslied«, die »Spinnerin« (»Als ich still und ruhig spann, Ohne nur zu stocken, Trat ein junger schöner Mann, Nahe mir zum Rocken«) und ausser vielen andern noch das liebliche kleine »Veilchen«, das uns durch Mozarts Composition vollends unvergesslich geworden ist.

Was ist denn nun das Gemeinsame dieser in Ton und Inhalt so grundverschiedenen Gedichte, und was berechtigte Goethe sie unter dem Namen »Balladen« zusammenzufassen, während er beispielsweise ein dem »Veilchen« so nah verwandtes Gedicht wie »Gefunden« (»Ich ging im Walde so für mich hin«) unter die Lieder stellt? Was unterscheidet dies von jenem, »Gefunden« von dem »Veilchen«? Das Wörtchen »Ich«, womit das Lied »Gefunden« anhebt, denn dieses »Ich« ist Goethe selbst. Aus des Dichters Seele heraus, nicht aus einer anderen, wäre es auch nur die Seele eines Veilchens, ist das Gedicht geflossen; es ist ein rein subjectives, ein rein lyrisches Gedicht, nichts ist in ihm, was sich entäusserte, was einer Handlung, einer dramatischen Entzweiung der eigenen Persönlichkeit gleich käme — und dieser Unterschied hat dem grossen Dichter allerdings zur Trennung seiner Balladen- von seiner lyrischen Poesie genügt. Ein jedes Gedicht, das nicht den Charakter einer ganz subjektiven Gefühlsergiessung trägt, ein jedes Gedicht, in welchem nicht nur der Dichter als solcher und von sich selbst spricht, war ihm, wenn es sich im Uebrigen nur in knappen, liedartigen Formen hielt und sich in Strophen gliederte, eine Ballade. Und diesen Zug der Verwandtschaft weisen Mignons Lied, der »Rattenfänger«, die »Spinnerin«, »Ritter Kurts Brautfahrt«, das »Veilchen« auf, wie der »Erlkönig«, »Der Gott und die Bajadere« und »Die Braut von Korinth«. Hat also Goethe Recht, dann singt uns die Ballade durch des Dichters Mund die Gefühle und Erlebnisse Anderer. Sie singt uns; denn wir werden noch deutlicher sehen, dass fast alles, was ihren Namen trägt, auch die prächtigsten und grossartigsten Werke, auf den Strophenbau und damit auf den liedartigen Charakter (der eben von selbst auch eine gewisse Kürze und Knappheit der Behandlung bedingt) nicht verzichtet, und dass die Ballade, abgesehen von anderen wesenhaften Unterschieden, die wir vielleicht noch finden, zur poetischen Erzählung wird, indem sich unterschiedlos Vers an Vers schliesst und der Stoff durch die Melodie des Rhythmus und die klingenden Accente des Reims nicht sozusagen in die musikalische Sphäre gehoben wird.

Ob diese Merkmale aber zur Kennzeichnung der »Ballade« genügen? Wer die herrlichsten deutschen Dichtungen in langer Reihe an sich vorüberziehen lässt, Dichtungen, die jenen Namen unangefochten in Aller Munde tragen, Bürgers »Lenore« und den »Wilden Jäger«, Goethes »Erlkönig«, Schillers »Bürgschaft«, die »Kraniche des Ibykus«, den »Taucher«, »Hero und Leander«, die Balladen Uhlands, Heines, Chamissos, der Annette Droste — der wird sich vom Geisterhauch umwittert fühlen, den Schritt »des grossen gigantischen Schicksals« hören und sich mit einer Scheidung, wie Goethe sie vorgenommen, nicht zufrieden geben. Da aber der Weg der metaphysischen Aesthetik glücklicherweise längst ungangbar geworden, führt uns vielleicht eine kurze historische Betrachtung dem Ziele näher, und anstatt aus blauer Luft eine Definition der Ballade zu nehmen und dann zu sagen: »So; was dieser von mir aufgestellten Begriffsbestimmung nicht entspricht, das wird verworfen,« sehen wir zu, woher der Name stammt und was sich unter seiner Decke bei uns eingebürgert hat.

Eine Untersuchung über Carl Loewe mit solchen Betrachtungen zu beginnen, das wird Niemandem befremdlich erscheinen, der sich auch nur ein wenig mit diesem eigenartigen und in seiner Eigenart so grossen Tonmeister beschäftigt hat. Schiller hat in seinen herrlichen Distichen auf den Entdecker Amerikas den grossen Gedanken ausgesprochen, dass der neue Welttheil, wenn er noch nicht gewesen, sich vor den Augen des Columbus, und gleichsam von seinem Geist heraufbeschworen, aus dem Ocean gehoben haben würde.

»Mit dem Genius steht die Natur in ewigem Bunde,
Was der eine verspricht, leistet die andre gewiss.«

Solch ein dämonisches Verhältniss scheint zwischen Loewe und der Ballade bestanden zu haben. Hätte die literarische Entwicklung in den Kulturländern die Ballade nicht wie ein Naturproduct hervorgebracht, auf das Kunstgebiet verpflanzt und während eines Menschenalters zur wundervollsten Entfaltung gereift — man möchte glauben, sie hätte auf Loewes Kommen warten müssen, um plötzlich in ihrer vollen Blüthe vor ihm zu stehen, nur damit dieser merkwürdige Mann den Liebesbund mit ihr schliessen und sie in das Reich des Klanges emportragen könne. Eben darum kann man ihn und seine Kunst aber auch nicht verstehen, ehe man sich über das Wesen der Ballade Klarheit verschafft: eine Dichtung, ganz so reich und bunt aus den verschiedensten Elementen gemischt und wiederum ganz so eng begrenzt, wie es ihr Komponist war. Wohl bildete die krause Laufbahn, die Loewes Leben in seiner Jugend nahm, seine angeborenen Gaben nach derselben Richtung aus, die den Balladenstoffen eigenthümlich zu sein pflegt, und erleichterte ihm damit den sichern Griff nach der Krone, aber dies Reich war ihm ohnehin durch die Natur verheissen, und kraft seines Naturrechts hat er es erobert und behauptet. Und so scheint es bleiben zu sollen. Die Balladendichtung fliesst heutigen Tages ohnedies nur spärlich. Das Schönste war schon geschaffen, als Loewe in der vollen Kraft seines Wirkens stand — und das war für ihn auf der Welt wie er für das schöne Gebild der Ballade selbst.

Es leuchtet wohl ohne Weiteres ein, dass das Wort »Ballade« zu seinem Wesen, wie es sich uns heutzutage darstellt, genau so taugt, wie ein Colombinenröckchen und eine phrygische Harlekinsmütze zur tragischen Melpomene. Denn »Ballade« (vom italienischen ballare, tanzen) bezeichnet ein Tanzlied (ballata); ausser im Italienischen findet es sich im Spanischen (als balata), im Provencalischen und Catalonischen (balada). Durch unser Wort Ball ist sein Stamm Jedem bekannt und geläufig. Solche Tanzlieder, Madrigale, oft nur Drei- und Vierzeiler, zumeist aber acht-, zehn- und zwölfzeilige Strophen verliebten, oft leichten Inhalts, waren den südromanischen Völkern des späteren Mittelalters wohl vertraut. Selbst bei grossen Dichtern begegnen wir ihnen: bei Petrarca, sogar bei Dante. Ursprünglich vom Tanz unzertrennlich und von den Tanzenden wie von den Zuschauern gesungen, gelangten sie zu selbstständiger dichterischer Bedeutung und bewahrten sich, ihrer Abstammung getreu, den musikalischen Charakter, als man längst schon nicht mehr daran dachte, die Füsse nach ihren Weisen rhythmisch zu regen. Von Italien wanderten sie nach Frankreich, von Frankreich mit den Normannen nach England. Hier verdrängten sie den für das nordische Tanzlied gebräuchlichen Ausdruck »Lay« und gaben den episch-lyrischen Liedern der Angelsachsen den Namen, jenen Volksliedern, die mit wenigen Strichen eine malerische Scenerie vor uns entwerfen, als Hintergrund für eine dramatisch bewegte Handlung, oder als Grundton für die lyrischen Accorde, die der Sänger anschlägt und die von seiner leidenschaftlichen Hingabe an die Natur gleich stark wie von der tiefen verhaltenen Inbrunst seines Gemüthslebens reden. Keine ausgeführten Schilderungen, weder der äusseren noch der inneren Vorgänge. Oft nur ein Stammeln, in der Haupterzählung wie im Refrain, der die Scenerie festzuhalten bestimmt ist (wie in Desdemonas Weidelied im »Othello«, einem rührenden Beispiel der nordischen Volksballade) oder der das Leitmotiv für das ganze Gedicht abgiebt, wäre es auch nur ein Seufzer wie im »Edward«. Denn ursprünglich für den Gesang bestimmt und darum strophisch gegliedert waren diese volksthümlichen Dichtungen ganz ebenso wie die alten Tanzlieder, deren Namen sie übernommen hatten. Nur dass sie aus viel tieferem Grunde flossen als die tändelnden »Balladen« der Romanen, Urerzeugnisse der künstlerisch gestaltenden Natur, die ähnliche Formen bei allen Völkern von Alters her wiederholt. Denn Dichtungen solcher Art, in denen Episches und Lyrisches sich mit dem Dramatischen eng verbindet, Erzählungen, die zu dramatischen Dialogen werden und aus denen doch das subjektivste Empfinden des Poeten quillt, hat es in Griechenland, wie bei den germanischen und slavischen Stämmen gegeben. Aus solchen Ringen haben sich die Ilias, die Odyssee und das Nibelungenlied zusammengeschlossen, und wo das »Volk« dichtet, greift es zu dieser Mischung und singt, wie es unser deutsches Volk nach der glänzenden Periode der ritterlichen Minnedichtung gethan, seine Lieder, auf die sich das Wort Ballade, Volksballade, mit dem besten Recht anwenden liesse, wenn auch der Name sich bei uns viel später, d. h. erst im vorigen Jahrhundert, einbürgerte. Auch in ihnen wird der malerische, fast immer der landschaftliche Hintergrund in wenigen Zügen entworfen. Aber er entbehrt des düsteren Charakters der schottischen und englischen Scenerie mit ihrem Nebelgewoge. Er ist beruhigter, wärmer, milder, wie es die Landschaft im Herzen Deutschlands ist, und auch die Stoffe, die im hohen Norden oft in grausigen Dissonanzen klingen, mildern sich mit dem Charakter der Landschaft und bleiben also auch in diesem Sinne ein Abbild der Natur wie jene.

Was im Norden zur »Ballade« wurde, das wurde im Süden zur »Romanze«, die von der spanischen lingua romanza, der aus dem Lateinischen stammenden Mundart des Volkes, ihren Namen entlehnte. Alle Gesänge in dieser Mundart, alle Volkslieder der lingua romanza hiessen in Spanien Romanzen. Wie es dem Wesen der Südländer entspricht, von schärferem Gepräge und lichtvoller als die wesensverwandten Dichtungen der germanischen Völker, minder sprunghaft und abgerissen als diese, nicht so gesättigt mit Musik, aber formell klarer durchgebildet, sangen sie nicht von dem Leben und Weben der Natur, von den Geistern in Luft und Wassern, von den zartesten und innigsten Regungen des Gemüths, sondern von Liebe und Ehre: ritterliche Kinder ihres Volkes in ritterlichem Gewande. So in Spanien. So auch in Italien und Frankreich, wo die gleichen Stoffe gediehen und wohin sich der Name übertrug. Als nun aber in der neufranzösischen Litteratur im Ausgang des 17. und zu Beginn des achtzehnten Jahrhunderts die Kunstpoesie sich der Romanze bemächtigte und diesen Namen lyrischen chansons beilegte, aus denen jeder Handlungsrest verschwunden war, Liedern, zu denen die Musiker eine leicht sangbare Melodie erfanden; als dann vollends in der französischen Spieloper des vorigen Jahrhunderts jedes lyrische Strophenlied, ob mit epischem Kern oder ohne ihn, »Romanze« genannt wurde, wofür man die Proben bei Grétry, Méhul, Cherubini, Boieldieu, aber auch, da sich die Gewöhnung nach Deutschland verpflanzte, bei Dittersdorf, bei Mozart, bei Kreutzer, selbst noch bei Lortzing leicht finden kann; als dann gar noch eine Gattung ironisirender Romanzen, parodistischer Spöttereien auf die unerschöpflichen Motive der Volksromanze, der Liebe und der Ehre von Gleim dem Spanier Gongora und dem Franzosen Moncrif nachgebildet und auf deutschen Boden verschleppt wurde — da war der Grund zu einer Begriffsverwirrung gelegt, die jetzt noch andauert. Lesen wir heutzutage den Sammeltitel »Romanzen und Balladen«, dann haben wir zwei Zwillingsschwestern vor uns, die sich zum Verwechseln ähnlich sehen, und die selbst ihre Väter, die Dichter, nicht immer von einander zu unterscheiden vermögen. Die Einen nennen Goethe einen Balladen-, Schiller einen Romanzendichter — die Anderen sagen das gerade Gegentheil. Heine nannte seinen »Bélsazar« eine Romanze, Andere taufen das Gedicht zur Ballade um. Die Grenzen fliessen beständig in einander. Nur so viel scheint nach diesem ersten flüchtigen Ueberblick schon klar zu sein, dass eine Bestimmung wie die Goethesche, von der wir ausgingen, zwar ein entscheidendes Merkmal der Balladen- (und auch der Romanzen-Dichtung) klar bezeichnet, dass sie ihr **inneres Wesen** aber gänzlich unberührt lässt. Und auch das schält sich aus der Hülle, in der der Begriff auf dieser Stufe der Betrachtung für uns noch liegt, wohl bereits los, dass es ohne den Ansatz zu einer **Erzählung**, zur der Mittheilung einer **Handlung** weder eine Romanze noch eine Ballade giebt. Dem feineren Gefühl aber wird die Unterscheidung geläufig werden, dass die Ballade, die aus den nordischen Nebelreichen zu uns gelangte, auf eine oft nur skizzirte, oft in festem Zusammenhang entwickelte, in der überwiegenden Zahl der Fälle düster gefärbte **Handlung** mehr Gewicht legt als die Romanze, die lyrischer als jene, durch die Form stärker als durch den Inhalt wirkt und im Gegensatz zur Ballade von frischerer, sonnigerer Färbung ist. Bürgers »Lenore«, Goethes »Braut von Korinth« würde bei reiflicher Prüfung schwerlich Jemand Romanzen nennen. Es sind Balladen. Aber Goethes »Sänger« (»Was hör' ich draussen vor dem Thor«) trägt die südlichen Züge der Romanze.

Ehe es zu dieser Unterscheidung kommen konnte, mussten jedoch Romanze und Ballade erst, die eine aus Spanien und Frankreich, die andere aus England in Deutschland eingeführt werden. Die »Romanze«, wenn auch in schalster Gestalt und unter völliger Verkennung des edlen Blutes ihrer Abstammung, hatte Gleim uns mit der »Marianne« gebracht. Das Wort »Ballade« trugen uns, im Jahre 1765, von dem Bischof von Dromore, Thomas Percy, gesammelt, die »Reliques of ancient poetry«, die Volksballaden Englands und Schottlands (Old heroic ballads, songs and other pieces of our earlier poets) zu, aber mit ihnen kam nicht nur der Name, es kam auch der **Geist** der Ballade zu uns. Was hier an Helden- und Gräuelthaten, bald düsterroth, bald gespenstisch fahl beleuchtet vor uns erscheint, was die Liebe trunken stammelt und die Verzweiflung verlassener Bräute klagt, das Raunen und Weben der Hexen und Feen, die Neckereien der Kobolde, die schwärmerischeste Naturempfindung und das derbste Behagen am Leben — das weckte sofort auch in unserem Volke die verwandten Klänge, nachdem der grosse Pfadfinder und -Ebner unsrer klassischen Litteratur, Herder, ihm die Thore dazu geöffnet. Unsre Dichter liessen sich von dem Genius des nordischen Volksliedes durchdringen, überall hin verbreitete sich die herrliche Saat und trug, auch bei den Gelehrten und Sammlern, hundertfältige Frucht: noch um einige Jahrzehnte später in »Des Knaben Wunderhorn«, das Arnim und Brentano mit den Volksliedern Deutschlands füllten, leider nicht immer kritisch genug gesichtet und mit ihren eigenen poetischen Einfällen wahllos und bunt untermischt. Keine Sammlung aber erreichte die Wirkung der Percy'schen auch nur annähernd. Aus ihr sog Goethe die Nahrung zu einigen seiner herrlichsten Dichtungen; sie regte den wahlverwandten Genius in Gottfried August Bürger auf, der, was Herder lehrte, in die That umsetzte, in die schöpferische That, und zwar sogleich auch, ohne viel zu erwägen und lange zu tasten, in der »Lenore«, mit der Sicherheit des geborenen Meisters. In engster Fühlung mit dem Volksgeist der Nordländer wusste er, wohin er auch griff, in die Geisterwelt, in die Reiche der leidenschaftlichen Liebe, in die schlichte, einfache Gegenwart, nach dem Höchsten und Tiefsten, dem Düstern und Heitern, Natur in Kunst, Kunst in Natur zu verwandeln. Er hat uns in unablässiger künstlerischer Arbeit die grosse deutsche Kunstballade geschaffen: Dichtungen, die wie aus dem Jungbronnen des Volkes selber geflossen zu sein scheinen, und in denen doch Alles wohl erwogen ist; die sich wie kleine Dramen vor uns aufbauen, und die doch von lyrischmusikalischen Reizen überfliessen. Aller Geheimnisse des Klanges mächtig, betont er gerade das musikalische Element in seinen Balladen so stark, um uns desto sicherer in den dämonischen Kreis seiner Stimmung zu bannen, ob er nun das Pferdegetrappel, die tosenden Jagdrufe oder den Klang der Schelle naturalistisch nachahmt (ein »hurre hurre hopp hopp hopp«, ein »Horridoh und Hussassa«, ein »Trarah« und »Klinglingling«) oder ob er die feinsten Lautkünste übt, wie in der zweiten Strophe des »Liedes vom braven Mann«, in der die schweren, drückenden Silben der ersten beiden Verse (»Der Thauwind kam vom Mittagsmeer und schnob durch Welschland trüb und feucht«) den bewegteren in den folgenden Versen weichen müssen, bis der Wind zum Sturm, aus dem jambischen der anapaestische Rhythmus wird und das alliterirende f das Heulen des Orkans wundervoll malt (»Er fegte die Felder, zerbrach den Forst, Auf Flüssen und Seen das Grundeis borst«). Man halte den hohlen Klang des assonirenden a und des o in einer Stelle der »Lenore« daneben:

»Was klang dort für Gesang und Klang,
Was flatterten die Raben?
Horch, Glockenklang, horch, Chorgesang,
Lasst uns den Leib begraben«.

Bewunderungswürdig, wie das ganze Gedicht. Und hat nun Bürger auch in einigen seiner späteren Balladen die Höhe der »Lenore« nicht wieder erreicht, mochte er ab und zu im Uebermass der künstlerischen Arbeit in der Nachahmung des Volkstons zu weit gehen und, ungewollt, in Plattheit und Manier verfallen — was er uns gegeben, werden ihm die Literarhistoriker und darf ihm sein Volk niemals vergessen.

Auf dem so geschaffenen Grunde baute nun Schiller weiter. Er ging die gleichen Wege, die Bürger gegangen, aber er streute in die von jenem gelockerten Furchen seine eigene Saat. Die weiten Dimensionen der Bürgerschen Balladen, ihr breiter und grosser Wurf, ihre klanglichen Reize, gaben ihm das Vorbild, aber er konnte seiner ganzen Natur nach nicht daran denken, volksthümliche Töne anzuschlagen. Und wenn er auch den meisten seiner unsterblichen Gedichte ganz wie Bürger durch das Hereinragen der überirdischen Welt in das Thun und Leiden seiner Menschen den schicksalsbangen, ahnungsvollen, düsterprächtigen Ton wahrt, in dem (auch bei ihm noch) ein Klang der alten nordischen Volksharfe mitzittert, so trägt die übergewaltige Macht, die die Wirrnisse der Balladenhelden mit einem grossen Schlage löst, bei ihm doch nicht das gespenstische, bleiche und schreckverzerrte Antlitz wie bei dem germanischer gearteten Bürger. Kein Gräuelwesen, keine Geisterwelt, die zwischen Erde und Himmel ihr dunkles Wesen treibt — die Gottheit ist es jetzt selbst, die über den Wolken die Lebensfäden der Sterblichen spinnt und sie, als vollzöge sie ein Urtheil, jäh zerschneidet. In den »Kranichen des Ibykus« übernimmt sie das Amt der Erinnyen und treibt die frechen Mörder des Sängers dem Gericht in die Arme. Im »Gang nach dem Eisenhammer« breitet sie die Hände segnend über das' unschuldige Haupt und stürzt den Verleumder, der jenen verderben wollte, selber in die Flammen. Im »Ring des Polykrates« fällt sie dem mit Glücksgütern und Kränzen überschütteten König den Spruch, dadurch, dass sie ihm den Ring aus der Meerestiefe zurückschickt: statt seines goldenen Opfers begehrt sie ihn selbst. Und wenn in diesen Balladen die Gottheit ein kurzes epigrammatisches Richtwort spricht, dann lässt sie an andrer Stelle den Tod für sich reden: in »Hero und Leander«, der »Kassandra«, dem »Taucher«. All' diesen und Schillers übrigen Balladen ist aber ein Zug eigen, der sich auch bei Bürger einmal (im »Lied vom braven Mann«) und leiser noch und zarter in der »Frau Magdalis« findet: ihr Inhalt ist mit geringen Ausnahmen eine kühne, ausserordentliche, zumeist sittliche That. Nicht so volksthümlich schlicht und scheinlos wie die Rettung des Zöllners und die Gutthat, die dem armen Weibe die neue Kuh in's Haus bringt — obwohl es auch bei Schiller an solch' einfachen Liebes- und Opferthaten nicht fehlt. (»Der Graf von Habsburg«.) Aber zumeist sind es doch Heldenkämpfe, die er seine Menschen bestehen lässt, um die Kraft des Einzelnen an der Macht des Schicksals oder eines gefährlichen Gegners sich erproben zu lassen. So lenkte ihn sein dramatisches Naturell, seine grosse sittliche Seele. Wie der Freund dem Freunde die Treue hält und mit Todesmuth alle Hindernisse überwindet, die ihn vom Ziele trennen — das ist die Quintessenz der »Bürgschaft«. Mit dem erzürnten Meere kämpft Leander allen Schrecknissen des Todes zum Trotz, und mit gleichem Muth stürzt sich der Edelknecht sanft und keck dem goldenen Becher nach in die Wogen. Der Johanniterritter überwindet den Drachen und erficht den grösseren schöneren Sieg über sich selbst, und, — auch ein Sanct Georg, erweist sich Fridolins reines, seiner selbst unwissendes Herz im Kampf gegen die Bosheit, da ihm der Himmel zur Seite steht, als der Stärkere. Wie kenntlich, wie ausgeprägt zeigt sich Schillers Eigenart hier allein schon in der Stoffwahl. Aber wie weit sich seine Balladen damit auch von denen Bürgers entfernen — sie haben dennoch nicht nur die Structur und den dunklen Horizont mit ihnen gemein: fast in allen berichtet uns der Dichter mit der oftmaligen Aufbietung malender Klangreize (der Strudel im »Taucher«, das Klappern der Eisenwerke im »Hammer«), in lyrischen liedartigen Formen mit Zuhülfenahme dramatischer Mittel, längerer oder kürzerer Dialoge und plötzlicher Interjectionen, eine seltene und seltsame Begebenheit, die eine höhere Gewalt fördert und zum plötzlichen Ende führt! Also alle Bestandtheile der nordischen Volksballade finden sich in den Kunstballaden der beiden grossen Dichter wieder, nur dass ein jeder von ihnen sie seiner Individualität gemäss gestaltet oder umbildet.

Es bedarf keiner besonderen Betonung, mit welch' köstlichen Gaben auch Goethe das Gebiet der deutschen Ballade bereichert hat. Einen wundervolleren Nachklang jener zahlreichen nordischen Volksballaden, die von dem Unheil erzählen, das die Elfen mit ihren sirenengleichen Lockungen den Menschen bringen, die ihr Reich kreuzen (»Elvenshöh«, »Herr Oluf« u. A.) besitzt die Literatur keines Culturvolkes. Und nicht nur der »Erlkönig«, auch der »Fischer«, dessen Verse uns mit ihrem süssen Wellenschlag so berauschen, dass wir die Augen schliessen und uns ganz der magischen Macht überlassen möchten, die den sinkenden Jüngling so sanft zu sich herabzieht — auch der »Fischer« mit seinem dem »Erlkönig« verwandten Thema weist deutlich auf den nordischen Balladenschatz und seine Stoffe hin. In beiden zeigt sich uns eine rasch zu überschauende, in einem kurzen Bilde aufgefangene Situation, wie Goethe sie uns auch im »Schatzgräber«, im »Sänger« in unvergleichlicher Weise vermittelt. Zwar hat er auch breiter und reicher angelegte Vorwürfe zu meistern unternommen, und mit einem (»Der Gott und die Bajadere«) ist es ihm wundervoll gelungen. Aber in der Führung einer eigentlichen »Handlung« beruht seine Stärke auch im Roman und im Drama nicht. Wo es mit einem vollen Griff in die lyrische Harfe gethan ist, da ist er am allergrössten — und die meisten seiner »Balladen« sind im Grunde doch nur lyrische Gedichte; ja auch in den angeführten kürzeren »Balladen« überwiegt, vom »Erlkönig« abgesehen, das lyrische Element das epische und dramatische weit: im »Fischer« wie im »Sänger« und dem »Schatzgräber«, und eben darum tragen sie der Form nach mehr vom Romanzen- als vom Balladencharakter an sich. Immerhin ist es lehrreich, dass sich auch in der Goethe'schen Balladendichtung, von der gelegentlich der Loewe'schen Compositionen des »Mahadöh«, des »Erlkönigs« und der »Braut von Korinth« noch näher zu reden ist — so viel dunkler Himmel, so viel Spuk und Grauen, eine solche Vertrautheit mit dem Tod und seinen Schrecknissen findet. Wie im »Erlkönig« und im »Fischer«, so treiben die Geister auch im »Getreuen Eckart«, im »Totentanz«, im »Zauberlehrling«, im »Hochzeitslied« ihr Spiel, harmlose Geister zum Theil, aber Geister doch. Der »untreue Knabe« wird von der verrathenen, »todten Braut« »sieben Tag und sieben Nacht« in die Irre gehetzt, bis er sie im unterirdischen Saal unter den hohläugigen Gästen wiedersieht. Aus dem Grab steigt die Braut von Korinth an die Oberwelt empor. Auch der »schöne Knabe« im Schatzgräber kommt aus einer Welt jenseits der Erde, auch die »wandelnde Glocke« wird von Geisterhänden regiert, und der Tod, der so viele Balladen endet, vereint den indischen Gott, wie den »König von Thule« mit der Geliebten. Dass dies Ende ein glückliches ist, dass so manche sich bedrohlich anlassende Begebenheit in den Balladen Goethes eine plötzliche Wendung zum Guten nimmt, dass andere vollends von einem tragischen Problem gar nichts wissen — das war eine nothwendige Aeusserung seiner »concilianten Natur« (wie er selbst sich einmal äussert), seiner die letzten Consequenzen des Tragischen gern vermeidenden, immer den friedlichen Ausgleich, die Harmonie innen und aussen suchenden Seele.

Aber — wenn man von den Halbballaden absicht, die Goethe nur darum der Gattung beizählt, weil ihre lyrischen Ergüsse durch das Medium einer anderen Seele als der des Dichters gehen (»Mignon«, »Der Rattenfänger«, »Das Blümlein Wunderschön«), wenn man die ausgeprägten Romanzen (»Der Edelknabe und die Müllerin« und »Der Junggesell und der Mühlbach«, »Der Müllerin Verrath«, »Der Müllerin Reue«) ausschliesst und selbstverständlich »Die erste Walpurgisnacht«, die, ganz dramatisch behandelt, den Balladen nicht beizuordnen ist, dann zeigt die Ballade auch bei ihm die nämlichen Züge wie in den alten Volksdichtungen und wie bei Bürger und Schiller: Erzählung, Drama und Lyrik schliessen in ihr einen engen Bund, und wenn die Führung der Handlung bei Bürger und Schiller energischer, die ganze Action dramatischer ist, so tritt das musikalische Wesen der Ballade bei Goethe dafür so stark hervor (am stärksten in den kürzeren Gedichten), dass sie nicht erst auf die Musik zu rechnen scheinen, sondern selbst bereits Gesänge sind.

Man braucht nur noch einen flüchtigen Blick auf die Balladendichtung der nachclassischen Poeten zu werfen, um den Begriff der Ballade, deren Wesen von unsern Dichtern immer sicherer erfasst wurde, immer genauer feststellen zu können. Dass jede selbstständige Küntlernatur bis zu einem gewissen Grade frei mit ihr schaltete, das versteht sich trotzdem von selbst — aber man blicke z. B. auf die Uhland'schen Gedichte, um alle charakteristischen Züge der nordischen Ballade, die die Stammmutter der deutschen ist, beisammen zu finden. Er, der erste, der die Ballade nach dem Vorgang der Classiker wieder mit neuem, kräftigem und originellem Gehalt füllte, eine echt germanische, kernhafte, allem Spukwesen und aller verschwommenen Romantik abholde Natur — auch er spannt fast über alle seine Balladen den dunklen Himmelsbogen. Dafür zeugt »Des Sängers Fluch«, das »Traurige Turnei«, der »Schwarze Ritter«, (»Pfingsten war's, das Fest der Freude«), »Das Nothhemd«, »Das Schloss am Meere«, »Harald«, »Das Glück von Edenhall«, der »Junker Rechberger«. Geisterspuk, Tod und Trauer. Vor unsern Augen entwickelt sich in der Erzählung mit Zuhülfenahme dramatischer Mittel eine ungewöhnliche Handlung, strophisch gegliedert, in liedartigen Formen. Nicht nur eine Situation (wie in Goethes »Sänger«), die, an sich sei es knapp oder mit lyrischem Behagen behandelt, der Geisterhülfe und des tragischen Ausgangs dafür auch entbehren kann, und die dem Gedicht den Romanzencharakter aufprägt: wie im »Taillefer«, dem »Blinden König«, auch in »Bertran de Born«. Und wenn bei Uhland in seinen eigentlichen Balladen auch die Schatten leuchten, wenn Alles bei ihm freundlicher und durchsichtiger erscheint und die tragische Muse gleichsam mit blauen Augen und blondem Haar vor uns hintritt, so ist das eben die wohlberechtigte Eigenart dieses einen Poeten, der trotz einer gewissen Enge seines dichterischen Horizonts eine fest umschriebene Persönlichkeit war, von der man sich einer charakterlosen Nachahmung Andrer nicht versehen konnte. Eben darum aber musste das tragische Wesen der Ballade und ihre Berührung mit dem Geisterreich und dem Tode eine Nothwendigkeit, das heisst von der Gattung unzertrennlich sein. Heine, Chamisso, Freiligrath, Annette Droste, Kerner, Schwab, Rückert, Lenau, Grün — wohin wir blicken, bei aller Verschiedenheit ihrer Persönlichkeiten, dieselben Grundzüge in ihrer Balladendichtung: dieselbe Mischung des Epischen mit dem Dramatischen und Lyrischen, derselbe, bei diesem stärker, bei jenem schwächer ausgeprägte musikalische Charakter, und überall das finstere Gewölk am Himmel, das Weben der Geisterwelt über und unter der Erde und das jähe Erscheinen des Todes in der mannigfachsten Gestalt.

Der Grund dafür ist unschwer zu entdecken. Die liedartige Beschaffenheit der Ballade, die auch aus den grössten und grossartigsten Dichtungen ihres Bereichs immer noch hervorscheint, und die sich allein schon in der Eintheilung in gleichartige Strophen mit dem nämlichen Versbau kund giebt, verstattet ihr keine umständliche Entwickelung der Begebenheiten, die sie schildert, der dramatischen Conflicte, die sie behandelt. Was sich im Roman, der Novelle und der sogenannten poetischen Erzählung ohne Einschränkung darlegen lässt, oder was sich in der Tragödie in dem langen Zeitraum von fünf Acten abspielt, das hat sie in kürzester Frist, so lange gleichsam, wie Stimme und Athem des Erzählers (des Sängers) vorhalten, zu Ende zu bringen — und da kommen ihr die über- und unterirdischen Gewalten, das Schicksal in Gestalt des Zufalls, der Tod, der freilich der gründlichste Beender aller Wirrnisse ist, zu Hülfe. Die magischen Mittel liegen also im Charakter der Ballade von selbst begründet. (Auch in der »Legende«, einer Art religiöser Ballade, finden sie sich in der Gestalt des Wunders, das hier das tragische Verhängniss ersetzt, verdrängt oder mildert.) Sie erklären sich also nicht nur durch ihre Herkunft aus den wolkigen Reichen des Nordens, in denen Gespenster und Spuk heimisch sind, sondern eben so wohl durch ihre äussere Form, die sie geradezu bedingt. Die Ballade ist somit ein ganz eigenartiges Kunstgebild, oberflächlich betrachtet zusammengestückt aus Fetzen aus allen Bezirken im Reich der Dichtung, an musikalische Bedingungen gebunden, in ihrem Stoffkreis, ihrem Colorit, der Führung der Handlung und ihrer Lösung eng begrenzt. Und doch ist sie in künstlerischer Verklärung nur die einfache Wiedergabe des Ausdrucks, mit dem eine leidenschaftliche und phantasievolle Natur etwas Ungewöhnliches zu erzählen pflegt. Da mischen sich in die belebte Erzählung unwillkürlich die Stimmen der dramatisch eingeführten handelnden Personen. Die Miene des Erzählers spiegelt das Erlebte wieder, von seinen Lippen tönt es, wenn er jene Anderen reden lässt, wie mit anderen Lauten, und je seltener, je schreckenvoller und aufregender die Begebenheit, desto stürmischer wird sein eigenes Innere in Wallung gerathen, in seinen Worten mitklingen und -zittern. Solch eine antheilvolle Erzählung seltsamer und furchtbarer Dinge vermittelt uns die Ballade in Liedform. Wie selbstverständlich erscheint da ihr Gefüge! Nur freilich rechnet sie auf einen Erzähler, dessen Seele leicht in Schwingung geräth. Wie uns nur ein ungewöhnliches Ereigniss in solch' eine dramatische Erregung zu versetzen vermag, so wird auch nur derjenige die dichterische Harfe ansetzen, um das Erlebte im Gesang festzuhalten, dessen Gemüth und Phantasie, künstlerisch erhoben, davon ganz erfüllt und ihm gleichsam zum Eigenthum hingegeben sind. Eine kühl-classische Ruhe, der blutlose Ton des Chronisten taugt für den Balladenerzähler nicht. Wie ihre Stoffe mit ihren jähen Contrasten von Tod und Leben, ihrem phantastischen Gewimmel von Geistern und Gespenstern den Reichen der Romantik angehören, so wird auch der Balladendichter, sei er sonst noch so classisch, durch sein Gedicht zum Romantiker. In kürzester Zeit, auf dem kürzesten Wege führt er uns an die Grenzen der Menschheit, durch Himmel und Hölle, durch alle

Schrecknisse, die sich die Phantasie nur malen kann. Der Vater mit dem todtkranken Kinde auf seinem Ritt über die geisternde Haide — die Ungethüme, die in der Meerestiefe nach dem Taucher schnappen und »hundert Gelenke zugleich regen« — Lenorens Brautfahrt — Uhlands schwarzer Ritter, der den Königskindern den Tod bringt — das zweite Gesicht in den Dichtungen der Droste-Hülshoff — es bedarf wohl keiner weiteren Ausführung: die Ballade ist ein Kind der Romantik. —

Diese flüchtigen Umrisse weiter auszuführen muss ich mir hier versagen. Aber sie werden ausreichen, uns das Wesen der Ballade zu kennzeichnen, und uns hoffentlich nicht im Stich lassen, wenn wir ihr von dem poetischen auf das musikalische Gebiet folgen. Was wir in der Balladendichtung das gesangliche Element nennen, ist für den Musiker doch höchstens eine Handhabe, mit deren Hülfe er das Gedicht für seine Kunst erobern kann — aber der unsanglichen Elemente sind in der Ballade so viele, dass wir uns mit einer Art Neugier fragen, wie er sie in Töne verwandeln will: also die Scenerie des Gedichts, die eigentliche Erzählung, die dramatischen Partieen, Rede und Gegenrede. Ein gewisser charakteristischer Unterschied vom lyrischen Liede zeigt sich uns in ungefähren Umrissen wohl sofort. Ein Balladencomponist, der nicht wie der echte und rechte Liedercomponist nur seiner eigenen Stimmung Ausdruck zu verleihen, sondern eine Begebenheit durch all' ihre äusseren Stadien zu verfolgen und nebenbei noch die darin verflochtenen Personen, sobald sie reden, charakteristisch, d. h. aus ihren Wesensbedingungen heraus reden oder vielmehr singen lassen muss — ein solcher Componist wird vermuthlich auch ganz anderer Mittel und Formen als der Liedercomponist zur Erreichung seines künstlerischen Zweckes bedürfen. Als der musikalische Dolmetsch des Dichters hat er mit den besonderen Ausdrucksmitteln seiner Kunst dasselbe zu thun, was etwa einem guten Recitator auf seinem Gebiete obliegt. Trägt dieser ein rein lyrisches Gedicht vor, eines der wunderbaren Nachtlieder Goethes oder das sehnsuchtstrunkene »An den Mond« — dann ist seine einzige Pflicht die, die Stimmung des Dichters zu der seinigen zu machen und das Gedicht so einfach wie möglich mit dem Accent der Seele, seiner Seele, vorzutragen. So stark die Leidenschaft innerhalb der engen Grenzen des reinen Liedes fluthen, so hoch das Gefühl schwellen mag — jedes malende Détail, jeder dramatische Accent wäre im Munde des Vortragenden vom Uebel. Der Balladenrecitator aber, der nicht nur der Künder der eigenen Empfindungen des Dichters, der gleichsam von Raum und Zeit losgelösten, ist, sondern der allen Einzelheiten des Gedichts mit dem ganzen Antheil seiner ergriffenen Seele zu folgen hat, dem Geisterritt der Lenore, der Gewalt der Sturmfluth im »Lied vom braven Mann«, der feierlich-ernsten Pracht der Tragödie in den »Kranichen des Ibykus« — er hat nichts anderes zu thun, als was der bewegte Erzähler in Wirklichkeit thut — nur dass er die naturalistischen Zufälligkeiten beseitigt und das Ganze in die Sphäre des abgetönten und abgewogenen Kunstwerks rückt. Er wird den Grafen von Savern im »Gang nach dem Eisenhammer« nicht wie die Gräfin, den tückischen Robert nicht wie den sanften Fridolin sprechen lassen können; und einen anderen Ton verlangen der Lockruf des Erlkönigs, das Aechzen des Kindes, das beschwichtigende Vaterwort. Wenn er aber seiner Kunst nicht wie ein Pfuscher walten will, dann hat er eins nie zu vergessen: so gewiss wir im täglichen Leben auch bei dem lebhaftesten dramatischen Temperament und der stärksten Phantasie die Charaktere, die wir reden lassen, immer nur andeuten, so gewiss wäre es eine Thorheit, wenn etwa ein Declamator mit einem Tenororgan seine Stimme für den Vater in die tiefsten Bassregionen, für den Knaben in den hellsten Discant triebe. Die Ballade bedient sich zwar dramatischer Mittel, sie greift zum Dialog — aber sie ist kein Drama, und ihre Menschen stehen sich im Gedicht nicht leibhaft wie auf der Bühne gegenüber. Ihr Grundton ist und bleibt der der Erzählung und Alles, was sie schildert, durch die Persönlichkeit des Erzählers zusammengehalten. Und hierin beruht, wenn wir den Vergleich auf den Balladencomponisten übertragen, die ungeheure Schwierigkeit seiner Aufgabe. Er erzählt. Er folgt musikalisch allen Regungen und Schattirungen des Gedichts. Jeden Sonnenblick wirft seine Seele zurück, jeder Sturm braust durch ihre Saiten. Er lässt seine Menschen charakteristisch reden, diesen so, jenen anders — aber er hat sich nicht zum Dramatiker zu verwandeln. Alle musikalischen Motive, die er anschlägt, so verschiedenartig sie sind und sein müssen, sollen doch ihre Herkunft aus einer gemeinsamen Quelle nicht verleugnen. Der Strom des Gesanges hat das Getrennte zu einem Ganzen zusammenzufassen und zu verbinden. Wie begreiflich, dass über den vielfachen Pflichten, die einem solchen Componisten obliegen, selten oder nie alle zu gleichem Rechte gelangen, und dass die formelle Einheit der verbundenen Theile um so seltener anzutreffen ist, je charakteristischer die Motive an und für sich sind. Das Problem kommt fast der Quadratur des Cirkels gleich, und nur der Genius löst es. Nur darf man freilich von der Ballade nicht die einfache Einheitlichkeit des lyrischen Liedes verlangen, denn die zu gewähren ist sie bei den disparaten Elementen, aus denen sie sich zusammensetzt, ausser Stande, und lediglich mit musikalischem Massstab kann sie ihrer Natur nach überhaupt nicht gemessen werden.

Ist im Liede die musikalische Weise für die Dichtung einmal getroffen, dann ist sie es in der Regel auch für alle Strophen. Das war für das Volkslied selbstverständlich und ist auch für das einfachere Kunstlied die Regel geblieben. Eine dehnbare Regel natürlich. Denn das Lied ist, seitdem es aus dem Volke in seiner übersichtlichen strophischen Gliederung hervorging, gewachsen, und in den unbetretenen Höhen, in die Goethe und seine Nachfolger es führten, athmet es sich anders als in den Niederungen. Gleichwohl genügt ein Blick in den Liederhort des grössten Meisters in diesen Landen, Schuberts, um uns das Gesetz erkennen zu lassen. Auch aus seinen mächtigsten Liedkompositionen schaut das Kindesantlitz des Liedes immer noch hervor, die viertactige Gliederung seiner Melodie, die Bewegung von der Tonica zur Dominante und zurück zur Tonica. Und bei seinen Vorgängern und Nachfolgern sieht es nicht anders aus. Der strophische Charakter bricht zum Mindesten immer wieder durch. Abweichungen davon bilden eine Ausnahme, und es sind zumeist Ausnahmen, welche die Regel bestätigen. Wenn sich das Mozartsche »Veilchen« beispielsweise aus einer Reihe rasch vorübergehender melodischer Sätzchen zusammenschliesst, die sogar durch ein Recitativ unterbrochen werden, wenn der Componist es sogar für geboten hält, dem Werkchen, als der Dichter bereits geendet, noch einen Schluss eigener Erfindung anzuhängen — dann zeigt sich darin eben, dass Mozart, seinem dramatischen Naturell folgend, das kleine Gedicht nicht als Lied, sondern als Ballade, fast als »Scene« aufgefasst und componirt hat. Anderseits wäre es undenkbar, Dichtungen wie den »Ganymed«, »Prometheus« oder die »Grenzen der Menschheit« als »Strophenlieder« zu componiren, undenkbar nicht nur ihrer freien Versmasse, die sich nicht zu Strophen ordnen, sondern auch ihres Inhalts halber, der keine Spur vom »Liede« an sich trägt. Oder wo schlummerte der Liederodem in Prometheus' trotzigem Monolog? Bei Beethoven wie bei Schumann, bei Mendelssohn, Franz und Johannes Brahms — das Gesetz bleibt dasselbe. Wohl weichen die Componisten bei auffallenden charakteristischen Wendungen im Gedicht vom Schema ab. Sie variiren die Grundmelodie, wie es der Sinn erheischt, und fügen besonders reich angelegten Dichtungen interessante Mittelglieder ein, die völlig neue Töne anschlagen; ja, sie zertheilen wohl auch, wie Brahms es in den gewaltigsten seiner Magelonenlieder gethan, das Gedicht und die Composition in mehrere »Lieder«, d. h. in mehrere liedartig geformte melodische Sätze, die trotzdem selbstverständlich äusserlich und innerlich verbunden bleiben — aber an der Regel ändern alle diese Ausnahmen nichts. Schubert geht sogar noch einen Schritt weiter, indem er den Liedcharakter auch solchen Gedichten aufprägt, die unzweideutige Balladen oder doch der Ballade nahe verwandt sind. So hat er den Goethe'schen »Fischer«, das »Heidenröslein« und den »König in Thule« als Strophenlieder componirt, und sicherlich hat er in diesen Fällen Recht gethan. Muthen sie uns doch wie dem Liederbronnen des Volks selbst entquollen an, das »Heidenröslein« vor allen, das ja auch zur Hälfte wirklich volksthümlicher Abkunft ist. Auch hat Goethe es unter seine »Lieder«, nicht unter die »Balladen« gestellt, wohin es freilich mit demselben Recht gehört hätte wie das »Veilchen« und mit weit besserem als der »Rattenfänger« und Mignons Gesang »Kennst du das Land, wo die Citronen blüh'n.« Aber wer möchte wünschen, der Componist hätte von Schubert seiner liedmässigen Volksthümlichkeit zerblasen und alle Einzelheiten der Worte mit malender und charakterisirender Kunst begleitet? Als ihn aber ein Stoff bewegte, dessen äussere Handlung so übermächtig, oder dessen geistiger Gehalt so weltweit ist, dass der lyrische Antheil des Dichters dahinter verschwindet, dann fand er plötzlich auch mit der unfehlbaren Inspiration des vom Himmel Begnadeten eine andere Form. In der Composition des »Prometheus« ein Anderer, als je in seinen zahlreichen Gesangsschöpfungen, hat sich der grösste Liedercomponist deutscher Zunge im »Erlkönig« auch als ein Meister der Balladencomposition ausgewiesen. Und doch verfiel er dabei nicht in das Gegentheil, in ein völliges Preisgeben des rein Gesanglichen, in ein recitativisches Declamiren wie er es im »Taucher« und der »Bürgschaft« zum Schaden für die Einheit des Ganzen that. Nein; er wahrte dem »Erlkönig« bis zu einem gewissen Grade sogar noch den Liedcharakter — in welchem Sinne, davon wird noch zu reden sein. Aber seine gewaltige Subjectivität liess es doch nicht zu, sich auf die Länge, anstatt seine Seele in grossen Strömen in die Formen des lyrischen Liedes zu ergiessen, in musikalischen Malereien und Charakteristiken zu ergehen. In sich selbst, nicht draussen in der Welt, musste Schubert seine Motive finden. Der geborene Balladencomponist aber, wollte er den Dichter und sein Werk vollgültig auslegen, hatte diesem nicht nur in das tiefste Herz zu schauen, sondern ihm überall hin zu folgen, wohin seine Phantasie ihn trug. Und so wenig ihm für die Composition der grossen Kunstballaden unsres Volkes, für die Balladen Bürgers, Goethes, Schillers, Uhlands u. A. die lyrische Liedform ausreichte (mit der z. B. Zelter auskommen zu können meinte), so wenig taugte ihm die einseitige Subjectivität des Lyrikers. Er musste ein starker Anempfinder sein, zartbesaitet, nervös; der Sonnenbrand der Tropen und das Eis der russischen Felder musste seinen Genius zu gleich charakteristischen, also polar entgegengesetzten Bildern anregen, und dabei musste er noch ein Stück vom Dramatiker sein. Gewiss, eine solche Persönlichkeit gleicht dem Phoenix aus Arabien, und es ist keine Mythe, dass unser liederreiches Vaterland, das der Welt die grössten Musiker geschenkt, das in der Oper und im Oratorium, auf dem Gebiete

Carl Loewe nach dem Gemälde von Hildebrandt.

der Symphonie, der Sonate und des Liedes die höchsten Gipfel der Kunst erklommen, erst einen einzigen wirklich genialen Balladencomponisten hervorgebracht hat: eben den grossen Mann, dem diese Betrachtungen gelten.

Zwar ein Johannes war dem Messias voraufgegangen: der jetzt fast ganz vergessene, am 10. Januar 1760 zu Sachsenflur im Odenwald geborene Johann Rudolf Zumsteeg. Ein Zögling der Karlsschule, wurde er der vertraute Freund Schillers, der ihm den dramatischen Blick schärfte, nach der Meinung der Zeitgenossen allerdings so sehr, dass Zumsteeg, ganz in Schillers Geist lebend und webend, nur noch auf das Energische, Grossartige und Charakteristische Bedacht nahm und zum Schaden für seine Musik den Ausdruck der Anmuth und Lieblichkeit preisgab und den lyrischen Strom in sich zum Versiegen brachte. Ein Mitarbeiter an dem »Universal-Lexikon der Tonkunst« theilt sein Schaffen (im 6. Bande, Stuttgart, 1838) sogar in zwei Perioden, in deren Mitte Mozart steht, der die zweite ganz ebenso beherrschte, wie Schiller die erste, und dessen Einfluss auf Zumsteeg von dem Jahre 1792, in das seine Ernennung zum herzoglichen Kapellmeister und Director der Stuttgarter Oper fällt, datirt wird. Dem ersten Zeitraum gehören u. a. die Singspiele »Das tartarische Gesetz« und »Reneau und Armida«, die Gesänge zu Schillers »Räubern«, einige Instrumentalsätze, besonders für das Violoncello (auf dem Zumsteeg Meister war), eine Trauercantate auf den Tod Kaiser Josefs des Zweiten und eine Cantate auf die Erhebung Leopolds zum deutschen Kaiser an; in die zweite Periode, seine eigentliche Blüthezeit, in der Mozarts Einwirkung die lyrische Ader in ihm wieder fröhlich fliessen liess, ohne darum die plastische Gestaltung zu verwischen, fallen die Opern »Die Geisterinsel« (aus der nach Rossinis Ausspruch Andere zehn Opern hätten machen können), »Das Pfauenfest«, »Der Kalif von Bagdad« und die weitberufenen und berühmten Compositionen zahlreicher Balladen, unter denen die Bürgerschen, »Lenore«, »Des Pfarrers Tochter von Taubenhain«, »Ritter Karl von Eichenhorst«, Schillers »Toggenburg«, Goethes »Zauberlehrling« u. A. schon um ihrer Dichter willen besonderer Aufmerksamkeit werth sind. Einige dieser Balladen, den »Zauberlehrling« z. B., hat Zumsteeg fast ganz, den »Toggenburg« zum grösseren Theil strophisch componirt, mit aufmerksamer Wahrung einer richtigen Declamation und bezeichnender Wiedergabe des charakteristischen Détails, aber musikalisch für den Geschmack unserer Tage doch allzu flach. Das ändert sich, sobald er dramatischere Stoffe und mit der Aufgabe, die Gedichte durchzucomponiren, wechselvollere Mittel wählt: wie er es in der »Lenore« thut. Hier ist das Prinzip der Balladencomposition mit Sicherheit erfasst, der Grundton der Dichtung glücklich angeschlagen und beibehalten und jedes wechselnde Bild, an dem die Handlung uns vorübergeführt, in Linien und Farben wirksam ausgeführt: der Heimzug der Armeen, das Erscheinen des toten Reiters, der Sturmritt zum Grabe. Mit ergreifenden Lauten sprechen die Verzweiflung des Mädchens und die Tröstungen der entsetzten Mutter zu uns; und wenn die inneren und äusseren Schrecknisse des Gedichtes auch für die landläufige Tonsprache des vorigen Jahrhunderts viel zu furchtbar sind, als dass Zumsteeg sie ohne jeden Rest hätte meistern können, so dürfen wir ihm von unserem heutigen Standpunkt aus, angesichts des jetzigen bis an die äussersten Grenzen des Raffinements ausgebildeten musikalischen Rüstzeugs, doch die Anerkennung nicht versagen, die die historische Gerechtigkeit fordert. Vieles darin muthet uns veraltet, hohl und leer an — Anderes aber bewegt uns noch jetzt und macht uns die Wirkung der Composition auf unsere Gross- und Urgrossväter sehr begreiflich. So ist, um von vielen Einzelheiten nur etwas zu nennen, der »Englische«, der so unerwartet keck und frech zu dem Tanz des luftigen Gesindels um das Rad am Hochgericht einsetzt, ein kleiner Meisterstreich:

Und wie wirksam steigert sich die musikalische Declamation ohne den geringsten Aufwand in der Stelle:

Dieselben Eigenschaften bewährt Zumsteeg in noch höherem Grade in der Composition einer Ballade des Freiherrn von Ulmenstein, einer talentlosen und thörichten poetischen Reimerei, die den Aufwand nicht verdiente: »Elwine« heisst sie, und das Unheil, das die Sucht nach Gold über ein glückliches junges Ehepaar bringt, ist ihr Problem. Von seinem »Näpfchen mit Reis«, das ihm an seines Weibchens Seite so wohl schmeckt, zieht es den habgierigen Friedrich fort übers Meer. Die arme Verlassene klagt ihm vergebens nach, und in einer Gewitternacht sucht und findet sie in den Wellen ihr Grab. Nach einigen Jahren kehrt der Gatte mit Schätzen beladen heim, und als er nun wider Erwarten »Gärtchen und Hütte und Ehebett leer« findet, da ist es an ihm, zu verzweifeln. Den »lästigen Mammon« versenkt er Nächtens in's Felsgestein, über dem Ried erbaut er sich einen Wartthurm, die Schiffer vor dem gefährlichen Ufer zu warnen, und in diesem Thurm härmt er sich langsam zu Tode — nicht, ohne noch zur Geisterstunde als Gerippe, mit goldenen Ketten beladen, zu spuken: ein sicheres Zeichen, dass um diese Zeit die Meerfahrt nicht zu wagen ist. Banales Zeug ohne Zweifel, aber so reich an Bildern und musikalischen Motiven, dass sich ein geborener Balladencom-

ponist dadurch schon locken lassen konnte. Und Zumsteeg hat dem schwächlichen Dichter überreiche Ehren erwiesen. Das Idyll des ehelichen Friedens, die heimliche Flucht des Mannes zur Stunde, da »schreiende Eulen sich Speise ersehn«, die leichtfertigen Worte, die er der Frau zurücklässt, deren Jammern und Klagen, der Sturm, das Toben des Meeres — das Gewitter — das ist Alles kräftig und oft nicht ohne Kühnheit dargestellt. So die wimmernde Stimme, die den Schiffer warnt. Selbst für den prosaischen guten Rathschlag an die Schiffer, mit dem das Gedicht schliesst, hat er noch einen leidlichen Ton gefunden. Und wenn uns Alles in Allem auch dies Opus mehr

curios als packend, mehr musikgeschichtlich interessant als aesthetisch werthvoll erscheint, so kann das grosse Talent darin sich doch keinem Einsichtigen verbergen. Und wenn Zumsteeg der Welt selber noch nicht die Erfüllung brachte, so bereitete er doch den Grösseren vor, und ohne seiner zu gedenken, kann man von dem grössten Balladencomponisten Deutschlands nicht reden. Und nicht nur seinen Vorläufer, auch seinen Lehrer darf man ihn nennen. Er hat ihm nicht nur Geist und Form der Ballade erschliessen helfen — er hat auch seine

Melodik beeinflusst, in ihrer Deutschthümlichkeit, aber auch in ihren gelegentlichen Italianismen.

Schon am 27. Januar 1802, also noch vor seinem grossen Freunde, schied Zumsteeg dahin. Noch etwas über zwanzig Jahre, und der Ritter kam, der das schlafende Dornröschen Ballade mit seinem Kusse zu musikalischem Leben erweckte. Längst wussten seine Freunde, dass er die Prinzessin gewonnen und heimgeführt. Aber erst im Jahre 1824 zeigte er sie in seinem opus 1 aller Welt. Es war ein junger blonder und blauäugiger Theolog und Musiker: Carl Loewe.

Löbejün.

## WERDEN UND WACHSEN.

Zu Löbejün unweit Köthen und Halle wurde der Knabe Johann Carl Gottfried am 30. November 1796 dem Lehrer und Cantor des Städtchens, Andreas Loewe, als das jüngste von zwölf Geschwistern geboren. Die Mutter, Marie Leopold, war die Tochter eines Seilers. In der Loewe'schen Familie war seit Menschengedenken der Pfarrberuf erblich gewesen, nur Carls Vater hatte das Gymnasium als Primaner verlassen und sich mit seinem bescheideneren Loose begnügt. Ein schlichter, »frommer, für das Christenthum begeisterter Mann« (wie Carl den Vater in seiner Selbstbiographie nennt), ebenso streng und einfach in seiner Lebensführung wie herzlich gegen Andere, sorgte er mit redlichem Sinn für das Seelenheil seiner Kinder, aber bei seiner halbschlächtigen, abgerissenen Bildung wusste er ihnen wissenschaftlich nicht viel zu bieten — und auch der kleine Carl oder »Gottfried«, wie man ihn in seiner Kindheit rief, wuchs in dieser Beziehung fast wie ein Wildling heran. Die musikalische Begabung hatten ihm ohnedies gütige Feen in die Wiege gelegt und liessen sie wachsen, ohne dass er sich sonderlich darum hätte zu mühen brauchen. »Als ich zum Bewusstsein kam«, erzählt er wenigstens selber, »spielte ich Clavier und Orgel und sang vom Blatte, ohne dass ich mich erinnern könnte, die Elemente auch nur mit einiger Anstrengung gelernt zu haben«. Die »sechzig Handstücke« von Türk und ein dickleibiger Band mit den evangelischen Chorälen in des Vaters Handschrift hatte der Kleine schon vor seinem zehnten Jahre bemeistert, und als er einmal auf dem Clavier im Prae- und Postludium seiner Phantasie freien Lauf liess, meinte der Vater halblaut zur Mutter (und der Knabe hörte es mit Erstaunen): »Der Junge spielt schon besser als ich.« Desto eifriger schweifte er draussen durch Wald und Feld, kauerte an den Schachten der Löbejüner Kohlenbergwerke, deren Eingang ihn wie die Schwelle zur Geisterwelt geheimnissvoll lockte und schreckte, schaute hoch vom Kirchthurm hinauf nach Wolken und Sternen, merkte auf den Gesang der Vögel, deren Stimmen er wie seine eigene kannte, und lauschte, wenn er von seinen Wanderfahrten mit rothglühenden Wangen heimgekehrt war, den wundersamen Erzählungen seiner Mutter, den Erzählungen der Träume, die sie Nachts zuvor geträumt. »Meine Augen streiften dann oft aus den Fenstern unserer Wohnstube, die auf einen alten verfallenen Kirchhof hinausgingen, über dessen zerfallende Hügel und morsche Kreuze und gruben sich in das Laub der alten Linden, die ihn in ein so tiefes Dunkel einhüllten. Die Traumgestalten meiner Mutter schienen sich im Mondschein auf diesen Hügeln zu beleben. Sie wandten sich mir zu, und halb ängstlich, halb begehrend versuchte ich sie in mir festzuhalten. Wenn so die Mutter endlich still geworden war« — so fährt Loewe in den unschätzbaren Aufzeichnungen über seine Kindheit in der »Selbstbiographie« fort — »und ich mich fester an ihre Kniee drückte, dann pflegte ich auch zu bitten »Mama, nun spiele noch etwas«. Dann nahm sie lächelnd die Violine, mit der mein Vater in der Schule den Gesang leitete, und spielte auf ihr die schönsten

Loewe's Geburtshaus in Löbejün. Originalzeichnung von Loewe's Tochter Julie.

Melodien. Ach, wie diese Melodien sich mir aussen im Mondschein belebten! Nie hatte sie Unterricht im Violinspiel gehabt, doch sang ihr Ton mir so tief in das Herz hinein!«

Es scheint demnach die Mutter, diese ernste, geschäftige, aber immer »gleichmässig liebevolle« Frau (im Gegensatz zum Vater, der, zu Scherzen geneigt, doch auch viel vom gutmüthigen Polterer gehabt haben muss) — die Mutter scheint es gewesen zu sein, der der Sohn nicht nur die Klugheit und das Temperament, das die Kinder ihr nachrühmen, sondern auch die Phantasie und den künstlerischen Odem verdankt.

Auch auf Loewes Schwester Marie, die an einen Bergmann Härzer verheirathet war, war ein Hauch dieser Phantasie, dieses gestaltenden Dranges und inspiratorischen Schwunges übergegangen. Denn wenn die Predigt eines der beiden Ortsgeistlichen ihres Heimathstädtchens ihr missfallen hatte, trat sie wie eine Prophetin in den Kreis der Ihrigen und sprach in schwärmerischer Begeisterung ergriffen und ergreifend über den biblischen Text, und verzückt hing der Bruder an dem Antlitz der schönen Frau, deren blaue Augen, wie er sagt, »hellleuchtend wie der Tag« auf ihn herabblickten.

Unter diesen seltsam phantastischen Menschen, in dieser Welt, die Traum und Wirklichkeit wunderbar vermengte, wuchs der einstige Componist des »Erlkönigs«, des »Herrn Oluf«, des »Nöck«, der Elfen im »Harald« und so mancher schauriger und holdseliger Spukgebilde sonst heran. Es war die echte Jugend eines Romantikers. Und romantisch baute sich sein Leben weiter, im Zickzack, verworren und abenteuerlich, so dass ein Gemüth, das auf weniger festem, sittlichem Grunde geankert hätte, dabei leicht hätte zerfahren können — wie Loewes begabter Bruder Andreas, wie später sein eigener Sohn Julian. Carl Loewe aber behielt den Kopf immerdar aufrecht, über hundert kleine Widerwärtigkeiten halfen ihm einige tüchtige Körner Humors hinweg, und trotz aller Sprünge, zu denen das Schicksal und seine vielseitige, überquellende Begabung ihn zwang, rückte er doch immer näher aufs Ziel, und Alles glückte dem Kinde, dem Jüngling, wie dem gereiften Manne. Auch die bunte Welt des Theaters funkelte ganz von fern in sein junges Leben hinein: sein ältester Bruder Fritz war als Candidat in Berlin bei Righini Hauslehrer und durch den berühmten Sangesmeister und Musikdirector an der Königlichen Oper auch ein Freund des Theaters geworden. Davon wollte aber Loewes Vater nichts wissen. Nicht auf »Verstellung und Schein«, auf den »Fels der Kirche« sollten seine Kinder bauen. Noch andere Einflüsse kamen nach Jahren hinzu, Loewe dem Theater fern zu halten: ein Rathschlag Carl Maria von Webers, der meinte, das Theater sei nichts für ein schaffendes Talent, und das Verlangen, das die Stettiner Behörde bei der Anstellung des jungen Meisters aussprach: er möge sich nie mit dem dortigen Theater beschäftigen. So geschah es, und die Früchte blieben nicht aus. Was Loewe auch für das Theater schuf — es fand dort keine Stätte. Und wenn er bei diesen Fehlschlägen in späteren Jahren an die »treue Sorge« des Vaters dachte, als wäre dessen theaterfeindliche Gesinnung und Mahnung berechtigt gewesen, dann ist das zwar ein pietätvoller, kindlicher Rückschluss. Aber er hätte auch so lauten können: die enge, aus seinen Verhältnissen erklärliche Auffassung des Vaters trug, eben weil sie dem Knaben den Weg zum Theater versperrte, an jenen Missgriffen einen Theil der Schuld. Dem Balladencomponisten freilich kam dieser Mangel zu Statten.

Als zehnjähriger Knabe stand der kleine Carl bereits auf eigenen Füssen: das heisst, er wurde gegen freie Wohnung mit Licht, Holz, Tisch und Schule, weniger wegen seiner Stimme, die er selber »schreiend« nennt, als wegen seines »Treffens« und seiner unerschütterlichen musikalischen Sicherheit in den aus sechzehn Schülern bestehenden Köthener Stadtsängerchor, die einzige Musikgesellschaft der kleinen Residenz, aufgenommen, und da seine Haare zu kurz geschnitten waren, um den Zopf daran zu befestigen, der zur Amtstracht der kleinen Künstler gehörte, hängte er den Zopf kurzweg an seinen Dreimaster, und musste dieser zum Gruss gezogen werden, dann wanderte das Anhängsel mit. Verlachte man ihn aber deswegen, so wurde der Zopf schleunigst losgeheftet und in einen Prügel verwandelt.

Zwei Jahre — dann vollzog sich in Loewes Leben eine neue bedeutsame Wandlung. Weil es mit der Köthener Schule nichts war, löste der

Vater das Verhältniss des Knaben zum Stadtchor, wanderte mit ihm nach Halle und meldete ihn für die vom Kanzler Niemeyer in die Franckesche Stiftung aufgenommene lutherische Schule an. Die musikalische Prüfung, die Carl bei Daniel Gottlob Türk zu bestehen hatte, fiel glänzend aus, und Loewe genoss in des ausgezeichneten Theoretikers Hause zunächst die mancherlei fördernden Anregungen, die von ihm und seinen Concerten ausgingen, sodann von 1811 bis 1813 dessen überaus sorgfältigen Unterricht auf Grund des Türkschen Lehrbuchs, Kirnbergers »Kunst des reinen Satzes«, der Marpurgschen »Fuge« und der Forkelschen Musikgeschichte. Zwar war es dem Vater angst bei dem Gedanken geworden, die Musik solle nun die Theologie, für die er den Sohn bestimmt hatte, gänzlich aus dem Felde schlagen. Aber das ausserordentliche Stipendium von jährlich 300 Thalern, das König Jerôme, der damals Oberherrscher des »Königreichs Westfalen« war, dem jungen Künstler bewilligt hatte, die Verheissungen einer italienischen Reise und eines Capellmeisterpostens in Cassel, mussten seine Bedenken wohl oder übel besiegen, und so verliess denn Loewe für einige Jahre das Gymnasium, wurde vom Chor gesondert und erhielt ein mit allem nöthigen musikalischem Geräth ausgerüstetes eigenes Zimmer, in dem er sich, wenn er mit Freitischen nicht gesegnet war, seine Mahlzeiten im Ofen selber bereitete. Aber was? Da war guter Rath theuer. Da er aber zu Zimmernachbarn ein Ehepaar von Pastineller hatte, dessen stärkere Hälfte bei Jena das Hasenpanier ergriffen, suchte er sich bei diesen Raths zu erholen. Auf die jeden Morgen gewissenhaft wiederholte Frage des Knaben: »Was kochen Sie denn heute zu Mittag, gnädige Frau?«, kam aber ebenso regelmässig die Antwort zurück: »Kartoffeln, lieber Monsieur Loewe«, und Loewes Kochkünste wuchsen so wenig wie seine gastronomischen Erfahrungen.

Mittlerweile waren auch die ersten Compositionen des Kunstjüngers im Druck erschienen, so zu sagen seine praehistorischen opera 1 und 2 — denn in der im Jahre 1824 neu eröffneten Opusreihe, die mit »Edward«, dem »Erlkönig« und »Der Wirthin Töchterlein« beginnt, zählen sie nicht mehr mit. Das erste, eine Romanze von Friedrich Kind »Klothar«, das zweite: »Das Gebet des Herrn und die Einsetzungsworte« zum liturgischen Gebrauch. Beide wurden in Halle verlegt, der jetzt verschollene »Klothar« bei Kümmel, das zweite Werk bei Schimmelpfennig. Es wird seinem Zweck entsprechen, trotz der unruhigen Harmonie im »Vaterunser« (dessen Anfang ganz dem Beginn der berühmten F-dur-Arie aus dem »Judas Maccabaeus« (Father of Heav'n) gleicht) aber von der Klaue des Löwen zeigt es uns noch Nichts.

Da kamen die grossen Zeiten der Erhebung des Volkes, die Belagerung von Halle, alle Wechselfälle des Krieges und Sieges. Die wissenschaftlichen und musikalischen Studien wurden von dem Geschützdonner wie Kartenhäuser niedergeworfen. Da Loewes Jugend und sein zarter Wuchs ihn des Glücks beraubten, an den Freiheitskämpfen theilzunehmen, liess ihn doch die Sehnsucht nicht ruhen, den grossen Ereignissen so nahe wie möglich zu kommen, und es zog ihn mit einem Studiengenossen auf und davon nach Leipzig, eben als die Heere am 16. und 17. Oktober sich zur Entscheidungsschlacht zusammendrängten. Da gerieth er in Kosakenhände. Waren es diesmal zum wenigsten nur noch Uhr und Börse, die er dem Freibeuter zurücklassen musste, so trieben es andere Kosaken im selben Jahre desto gründlicher: sie plünderten ihn, als er einen Freund in Heldrungen besuchen wollte, so völlig aus, dass er wirklich nichts als das nackte Leben davontrug. Ueberall Abenteuer, Märchen und Komödien. Und als nun Türk am 26. August 1813 starb und Loewe, an der Möglichkeit verzweifelnd, ohne ihn die Musik zu seinem alleinigen Lebensberuf zu wählen, zum Studium zurückkehrte, da war er inzwischen 18 Jahre alt geworden, und es galt sich zu sputen. Und wirklich konnte er um Michaelis 1817 die Reifeprüfung bestehen und als Student der Theologie die Universität Halle beziehen.

Aber ein gleichmässig ruhiger Entwicklungsgang sollte seinen Arbeiten auch diesmal nicht beschieden sein. So eifrig er die theologischen und philosophischen Collegien bei Gesenius, Gruber, Knapp, Niemeyer u. A. besuchte, — die Musik, für eine kurze Weile zurückgedrängt, bestand doch auf ihrem alten angestammten Recht. Mozart und Beethoven, auch der schwächliche, jetzt ganz vergessene Dussek wurden sein tägliches Studium. Er gab Musikunterricht, nahm an den Uebungen der Singacademie unter Kötschau, dann unter Naue Theil, und wie er als Knabe mit seiner hellschmetternden Sopranstimme durch seinen festen und beherzten Gesang die Hörer in Erstaunen gesetzt hatte, so wirkte er jetzt, schon eine ausgesprochene künstlerische Individualität, als Tenorist in den Uebungen des Gesangs-Quartett-Zirkels mit, die Adolf Bernhard Marx, der Musiktheoretiker und Componist, der Biograph Glucks und Beethovens, als Referendar leitete. Es war ein kleiner Kreis ausgewählter Sänger und Sängerinnen, die nicht nur den Quartettgesang pflegten, sondern ganze Oratorien und Opern aufführten, zur Clavierbegleitung, die Loewes Universitätsfreund Keferstein, ein Theologe wie jener, übernommen hatte. Und Keferstein, der zu dem jüngeren Freunde schon damals mit Bewunderung emporsah und ihm bis zum Tode ein treuer Anhänger und Förderer geblieben, denkt in dem »Universal-Lexicon der Tonkunst« (Band IV unter dem Artikel Loewe) »immer noch mit Vergnügen an die Erscheinung eines jungen blonden Mannes im allerschlichtesten Soldatencostüm zurück« (Loewe diente sein Freiwilligenjahr bei dem Jäger-Bataillon in Halle ab), »der, zumal wenn er die damals geschriebenen Balladen »Treuröschen« (die Loewe selbst in das Jahr 1814 verlegt), »Wallhaide« (1819), »Erlkönig« (1818) u. a. m. vortrug, alles mit sich fortriss. Das war unser Künstler, dessen Genius damals in hellaufleuchtenden Blitzen immer reicher und kräftiger hervortrat.«

Zur Musik, zu Theologie, Philosophie und Militärdienst gesellte sich endlich noch eine stärkere Macht, die sich mit jenen in seinen Besitz theilte: die Liebe. Im Hause des Staatsraths von Jacob, des Curators der Universität, der die vornehme und gebildete Welt gastlich empfing, lernte er dessen Tochter Julie kennen, die zweite des schönen und bedeutenden Schwesterntrifoliums. Sie besass vielleicht nicht ganz die erstaunliche geistige Ueberlegenheit ihrer jüngeren Schwester Therese, der später verheiratheten Robinson, jener ausgezeichneten Frau, die unter dem Akrostichon der Anfangsbuchstaben ihres Namens Talvj der Welt als Philologin und Romanschriftstellerin bekannt geworden ist; auch nicht die unvergleichlich volle und weiche Sopranstimme der älteren Emilie. Aber sie besass die zarteste jungfräuliche Anmuth, ein klares Urtheil, ein natürliches Verständniss für die Kunst, und nicht Loewe allein preist die gemüthvolle Innigkeit ihres Gesanges. Sie war es, die Loewes jugendliches Herz mächtig anzog. »Ich fühlte bald genug«, erzählt er uns, »dass es keine blosse Studentenliebe war, die in meinem Herzen zu leben und zu glühen begann, und bemerkte, dass auch von ihrer Seite die Neigung zu sprossen anfing.« Er hatte sich nicht getäuscht. Die jungen Seelen fanden sich bald zusammen, und niemals, meint Keferstein, »habe er Mozartsche und andere Duette mit wärmerem Ausdruck vortragen hören, als von diesem in der begeisterungsvollsten Jugendliebe vereinigten Paare«. Der Vater gab dem Verlöbniss seinen Segen. Zwar wurde Julie gegen das Ende des Jahres 1819 für den Winter nach Dresden geschickt

Die Jacobi-Kirche zu Stettin.
(Vor Vollendung des Turmes. Nach einer Original-Aufnahme von Hofphotograph A. Matthaey.)

— aber ein Besuch Loewes, der ihn auch Carl Maria von Weber, Kind und Tieck nahe brachte, führte die Liebenden bald wieder zusammen. Nicht ganz zwei Jahre, und er durfte die Braut nach Stettin heimführen, wo sich ihm unterdess ein Wirkungsfeld eröffnet hatte. Die Stadtverwaltung hatte den Jüngling, dessen Ruhm sich schon in die Weite zu erstrecken begann, als Cantor an St. Jacobi und als Lehrer an das Gymnasium berufen. Zwar hatte er sich nur mit schwerem Herzen von der Theologie losgerissen, aber die Stimme der Musik lockte stärker, und das Verlangen nach einem sichren Amt, das ihn und seine Julie nähren könnte, half ihn zur Annahme der dargebotenen Posten bestimmen. Eine Prüfung bei Zelter in Berlin, der er sich auf den Wunsch der Stettiner Behörde noch zu unterziehen hatte, bestand er natürlich ohne Schwierigkeit, und da Loewes Leistungen in dem neuen Wirkungskreise den Stettinern einleuchteten, ernannte man ihn im Jahre 1821 zum städtischen Musikdirector, zum Organisten an der Jacobikirche, verpflichtete ihn zur Aufführung von Kirchenmusiken an allen hohen Festen, übertrug ihm den musikalischen Unterricht am Gymnasium und Seminar in wöchentlich achtzehn Stunden, und zahlte ihm dafür Alles in Allem nicht mehr als 850 Thaler jährlich, die sich erst im Jahre 1850, als neue Pflichten zu den alten kamen, um 300 Thaler vermehrten. Aber Loewe gehörte nicht zu den

Kleinmüthigen. Am 7. September 1821 beging das junge Paar den Hochzeitstag, und doppelt glücklich fuhr der junge Meister dem »lieben Stettin« zu.

Ein merkwürdiger Lebenslauf! Das Kind der beschränktesten Einfachheit, die fast Dürftigkeit war, bewegt sich in noch jungen Jahren in den Kreisen der eleganten Welt, bei Kanzlern und Staatsräthen, als wäre es dort geboren, ja sogar mit der heiteren Miene eines Siegers. Der Knabe, der mehr Stunden im Freien als daheim und auf den Schulbänken verbracht, dieses naive, phantastische, ganz mit der Natur aufgenährte und verschwisterte Gemüth vertieft sich in die strengsten Disciplinen der Wissenschaft und fühlt sich wohl darin. Der geborene Musiker, dem Alles im Schlafe kommt und der sich, weil er die Berufung von Gottes Gnaden in sich fühlt, gegen jedes spöttische Tadelswort seines Lehrers Türk zornig aufbäumt, dieser »Leo Tonleben«, wie Keferstein ihn in seinem Roman »König Mys von Fidibus« nennt, will der Musik den Laufpass geben und predigt nach dem Triennium gründlich und erbaulich von der Kanzel herab, in Halle, und gar noch in Stettin. Hier wird er u. A. Gymnasiallehrer und exponirt den Julius Caesar. Er überlädt sich, während der schöpferische Geist unaufhaltsam in ihm arbeitet und ins Freie drängt, mit mühevollen, zeitraubenden, pedantischen Aemtern. Und dabei führt er das Rapier wie Einer, rettet zwei Menschenleben aus den Fluthen, holt das Flugwild aus der Luft ohne je zu fehlen, und hält sich ein Reitpferd. Und als alles das in ihm kämpft und ringt und seine Zeit will, geniesst er die Süssigkeiten der Flitterwochen, ohne dass auch nur eine seiner Pflichten darunter zu leiden brauchte. Ein unruhiges, wechselvolles Leben, das sich immer wieder verzetteln zu wollen schien und das ausser den Abenteuern, die wir kennen, noch in allerlei »romantische Verwicklungen« gerieth, die Keferstein andeutet, leider ohne sie uns mitzutheilen — kam so früh schon ans Ziel und blieb, von einigen Spazierfahrten abgesehen, in dem zeitig gefundenen Hafen ruhen! Eine der seltensten und seltsamsten Verbindungen von Natur und Geist, freiester Genialität und treuester Arbeit, eine Ueberzahl von Kräften, die sich Luft und Licht benehmen möchten und die sich doch friedlich in einander und in das Leben schickten. Es ist, als stände ein Mensch der Renaissance-Zeit vor uns, die solcher Gestalten viele gebildet hat. Auch in der Frühreife gleicht Loewe so manchem Geisteshelden, so manchem künstlerischen Genie des Cinquecento. Denn so wie er auf seinem Siegesfeld, auf dem Feld der Ballade, in seinem opus 1 dasteht, so ist er geblieben, und ohne die lange Zeit seines Schaffens in Epochen eintheilen zu müssen, können wir es sofort als ein ganzes übersehen. Die Fortsetzung seines reichen Lebens wird uns dann späterhin zwar noch mit manch' anziehenden Einzelheiten bekannt machen, mit seinem heissen Bemühen, die Grenzen seiner Wirksamkeit immer noch weiter und weiter zu erstrecken. Aber in all diesen künstlerischen Kämpfen bleibt er eins unverändert und ungebrochen: der geborene Componist der deutschen Ballade.

ut re mi fa est tota musica.

Inner möchte Ihnen Ihren Brief beantworten; die Schwierigkeit, ein neunundfunfzigjähriges, die hoffentliger zur Innuel zu endigen, dann ein Schwerica Luther.

Stettin, den 21ᵗᵉⁿ Januar 1828.

Dr. Loewe, Musikdirector.

Von Herrn Dr. med. Leopold Hirschberg zur Reproduktion freundlichst überlassen.

# LOEWE
## ALS BALLADENCOMPONIST.

Wie zum Zeichen, dass es der Geist der alten nordischen Volksballade ist, der unsere deutsche classische Kunstballade in's Leben gerufen und Deutschlands grossen und fast einzigen Balladencomponisten inspirirt hat, steht an der Spitze der Loeweschen Werke, als No. I des opus I, der »Edward« in Herders bekannter Uebertragung. Ein schaudervoller, in der Volks- und Kunstdichtung oft auftauchender Stoff verdichtet sich in dem kurzen stockenden Zwiegespräch der schuldbeladenen Mutter mit dem unglücklichen Sohn, der sich mit dem Blut des Vaters befleckt hat, in markdurchdringenden Lauten. Nirgends ein zu wenig, aber noch weniger ein zu viel. Der furchtbare Refrain, ein Seufzer nur, ein »O!!« lässt uns in die Hölle einer Seele blicken, und was die Lippen offenbaren, genügt, uns ihre Schrecknisse auszumalen. Dass jede dichterische Ausführung dieser Ausflüchte, dieser halben und ganzen Geständnisse, dieser niederschmetternden Flüche das unheimliche Gedicht schwächt und verwässert, hat u. A. Platen erwiesen, dessen »Altschottische Ballade« von Flickwörtern und conventionellen Wendungen strotzt, die zu der Seelenstimmung der beiden Schuldigen so schlecht taugen wie Glacéhandschuhe zu Edwards Mordstreich. Und doch war Platen ein Kunstdichter von grossen Gaben und grossen literarischen Verdiensten, die zu verkennen ich mich wohl hüten möchte. Aber wie die glatte Form seiner Verse und die Art, wie er das alte Gedicht ummodelt, nur die Ohnmacht der formalen Convenienz gegenüber der genialen Urwüchsigkeit der Volksschöpfung darthun, so hätte auch die akademische Musik dem Gedicht gegenüber versagen müssen. Nur eine gleichgestimmte Natur, eher ungefüg als formvoll, von volkthümlichem Schlage, vermochte ihm beizukommen, falls diese Natur — und das war natürlich die Hauptsache — sich in den Reichen des Grauens heimisch fühlte und genial genug veranlagt war, um in Tönen wiederzugeben, was das Gedicht ihr vorgesprochen. Und so bezwang Loewe den düstern Stoff — nicht aus Wahl, nicht nach langer Ueberlegung; er zwang ihn zu sich, wie der Magnet das Eisen zwingt, und nicht als ein Beherrscher kunstvoller Form, sondern im Ton eines Volkssängers, allerdings eines Sängers im grössten Stil, hat er die schottische Ballade wieder gesungen.

Das mag ihre Betrachtung im Einzelnen darthun. Kein Vorspiel leitet den Gesang ein und kein Nachspiel schliesst ihn ab. Mit dem ersten Ton setzt auch das erste Wort ein: »Dein Schwert wie ist's von Blut so roth?« Die Melodie weiss nichts von Wohllaut — aber sie dringt, unfroh, trüb, in ängstlicher Hast auf uns ein: und schliesst mit dem  von unten aufsteigenden, wie aus tiefster Brust geholten Seufzer: Rein melodisch betrachtet eben so reizlos, aber eben so charakteristisch in ihrer keuchenden Schwere, klingt des Sohnes Antwort. Frage und Antwort wiederholen sich und nehschreit und der Entlastung des gepressten Herzens in schwer niedersinkenden Halbnoten zum wirbelnden D-d im Bass die dumpfe Ermattung folgt. Nun tritt in den Fragen der Mutter ein neues Motiv auf, ängstlicher noch und drängender als das erste, und bei den Wiederholungen durch leichte Varianten zu immer stärkerer, athemversetzender Unruhe gesteigert: Und schwerfällig und mühsam, wie Loewe den Charakter des Sohnes unzweifelmen neue, gleich unruhige, gleich schwere und trübe Formen an, bis der Sohn das Geständniss im Fortissimo in die Luft

haft im Einklang mit dem Gedicht aufgefasst hat (ein Phlegmatiker, der schwer zum Wort und zur That zu bringen war und den nur die stachelnde Schärfe der Weiberzunge in Bewegung gesetzt) bleiben die Antworten. Nur einmal und sehr bezeichnender Weise zu den Worten »Auf Erden soll mein Fuss nicht ruh'n« beflügelt sich das Zeitmaass — aber schon bei der Stelle »Will wandern über's Meer«, die so wundervoll auf dem d (der Quinte) endet, wie ein Ausblick auf einen weiten, weiten Horizont, verweilt es wieder. Schwer wuchten die Töne in den berühmten Takten nieder:

Und als starrte das Auge in's Leere, als wären Haus und Hof bereits verschwunden, so muthet uns das ihnen unmittelbar folgende zweimalige im piano und pianissimo hingehauchte »Mutter!« an: Immer martervoller klingt der Seufzer aus Edwards Brust, immer kleinlauter und leidvoller werden die Fragen der kühnen Frau, ihr erstirbt die Stimme, und als der Fluch des Sohnes ihr die letzte, ärgste Antwort bringt, da hat sich auch für den Hörer die Wirkung bis zum Aeussersten verschärft. Einer

Steigerung ist das Grauen, das ihn schrittweise bis zu diesem Gipfel der Qualen begleitet hat, nicht mehr fähig.

Woher sich der furchtbare Eindruck der Composition schreibt, den wohl noch Niemand geleugnet hat (es müsste denn ein Formalist wie der alte Zelter sein, der ihr, nach seinem Briefwechsel mit Goethe und dem eingefügten Schreiben an Loewe vom 10. Januar 1824 mit seinem plumpen Tadel rath- und hülflos gegenüber stand), das bleibt im Wesentlichen wie jede Wirkung, die vom Genius ausgeht, »geheimnissvoll am lichten Tag«. Wir sehen die Notenzeichen, wir hören die Töne, wir empfinden ihre Magie, aber wir wissen sie so wenig zu umschreiben, wie den Duft der Rose, die keusche Hoheit der Venus von Melos, oder den Gottheitsblick aus den Augen des Kindes der Madonna Sistina. Nur die kleinen Mittel nehmen wir wahr, mit denen der Genius so gut wie der Routinier arbeitet, und deutlicher noch hören wir Alles für ihn reden, was er verschmäht. Man denke sich auch nur einen Funken von Licht und Schönheit in die Melodik des »Edward« gebracht, und die Stimmung der Composition wäre so unheilbar verdorben, wie das Gedicht in der Platenschen Fassung. Dem Dichter und jedem einzelnen Gedicht zu geben, was es bedarf und verlangt, darauf kommt es an, und Loewes Begabung besass nicht nur die merkwürdige Wandelbarkeit, die sein Inneres jeder Dichtung auf das Innigste anschmiegte, sie war auch von jener grossartigen Wahrhaftigkeit erfüllt, die nichts zu sagen vermochte, als was der Geist der Dichtung ihr zu sagen gebot. Thränen und Freude, ausgelassene Jugendlust und bange Todesahnung — Alles hatte für ihn seine Zeit und seine Töne. Er konnte in den leichtesten Weisen tändeln und zum schönen Wort das schönste Melos finden, aber im »Edward«, wo schon ein Hauch davon vom Uebel gewesen wäre, blieb seine Musik so tiefschwarz, so unstet und zerrissen wie die Gemüther, in deren dunkle Gründe er mit der düsterrothen Fackel hinableuchtete. Mit dem Grauen vertraut und in der Gespensterwelt so heimisch wie von den Musikern etwa nur Marschner noch, beschwor er die todbringenden Gewalten in jeder Gestalt leicht wie ein Fürst im Reiche der Geister — derselbe Mann, der uns den kindlich heitren »Heinrich den Vogler«, »Fridericus Rex«, »Prinz Eugen« und den »Kleinen Haushalt« gesungen, auch darin Marschnern ähnlich, der neben den Vampyr und den Heiling seine derben Bauern stellt. Und doch war seine Seele hell und fröhlich. Er schwelgte nicht wie Ernst Theodor Amadeus Hoffmann oder Edgar Poe im Schauerlichen. Nur seine Phantasie, nicht sein Gemüth stand mit den Geistern, mit Tod und Hölle im Bunde.

In rein musikalischer Beziehung giebt der »Edward« ja nicht viel zu rathen und zu deuten auf. Dass die einzelnen Motive, die die Ballade in Loewes Composition anschlägt, in formeller Beziehung ziemlich unvermittelt neben einander stehen, bedarf keines besonderen Hinweises. Man könnte auch dies aus dem Wesen der Dichtung herleiten und in dem Zerstückten, das zweifellos vortrefflich zu ihr taugt, künstlerische Absicht oder Inspiration sehen — wenn es nur nicht in Loewes Art überhaupt läge und sich häufig auch da zeigte, wo eine organischere Gestaltung recht wohl denkbar gewesen wäre und von einem Zwang, den das Gedicht auf den Musiker ausübt, nicht gesprochen werden kann. Aber er selber hat uns in seinen Balladenkompositionen von geringerem Umfang den Beweis geliefert, dass die Bezwingung der Form und ein fester Zusammenschluss der einzelnen Glieder der Composition zum lückenlosen Ringe nicht zu den Unmöglichkeiten gehört, und in dieser Beziehung muss der »Edward« einigen seiner späteren Schöpfungen weichen. Auch die rein musikalischen Einfälle strömen dem Meister in anderen Werken, wohin sie taugen, reicher zu. In der innigen Verschmelzung von Wort und Ton hat sich aber Loewe im »Edward« für sein gesammtes späteres Schaffen selber das grosse Muster gesetzt. Ernster und wahrhafter hat er nie declamirt, stärkere dramatische Accente niemals angeschlagen, und so oft er uns auch noch an's Herz gegriffen, mächtiger als im »Edward« hat er uns nicht wieder zu erschüttern vermocht.

Trotz allem ist es nicht die geniale Edward-Ballade, die den Höhepunkt der in dem opus I des jungen Meisters vereinigten Compositionen bezeichnet. Was ihr fehlte und, wie angedeutet, zum Theil fehlen musste, das findet sich in demselben Heft in einer andren Schöpfung, die kaum weniger stürmisch die dunkelsten Gründe des Schreckens aufwühlt, die charakteristischen Bestandtheile ihres Gedichts scharf von einander abhebt und doch alle zu einer stilistischen Einheit zusammenfasst: in dem »Erlkönig«. Seltsam genug, dass der erste, der geborene Liedercomponist Deutschlands und der Welt, dass Franz Schubert dasselbe Gedicht so ungekannt und unabhängig von Loewe wie dieser von ihm, zu einem Meisterstück seiner Kunst umgeschaffen und dass auch er es, wie Loewe, in seinem opus I der Welt vorgelegt hat. Heut zu Tage ist der Schubert'sche »Erlkönig«, zu dessen Ruhme kaum noch etwas zu sagen ist, in Jedermanns Munde, und gegen seine Herrschaft hat der Loewe'sche Schatten, der aus langer Vergessenheit erst wieder an das Licht beschworen werden musste, immer noch hart zu kämpfen. Schuberts grosser Name, die Gewöhnung und die Herrlichkeit der Composition des unsterblichen Wieners machen das begreiflich. An künstlerischer Bedeutung aber steht der Loewe'sche Erlkönig dem Schubert'schen nicht nach, und im Treffen des Balladentons ist er ihm überlegen.

Warum — das leuchtet zunächst wohl ein, wenn wir die drei Wesen, zwischen denen während der unheimlichen Ritts Worte und Gefühle herüber und hinüber fliegen und flattern, bei Loewe und bei Schubert hören. Den Geist vor Allem! Der singt bei Schubert, wie wir alle wissen, ehe er die Hand zum mörderischen Griff nach dem Kinde ausstreckt, zwei süsse Melodien, gefällig, wohlig und lockend. Ob aber auch unheimlich? das vermag ich bei vielen Andren nicht zu finden. In ihnen beiden, der ersten, die von den klopfenden Achteln begleitet wird, der zweiten, kelt wird, die ruhig von dem wallenden Nebelgewölk geschau- überwiegt die schöne Form den charakteristischen Ausdruck, und noch nie ist mir ein Sänger begegnet, der die beiden Weisen gespensterhaft genug zu färben und ihrer schönen Körperlichkeit gleichsam das Blut auszusaugen vermocht hätte.

Ganz anders bei Loewe. Da tönt der Lockruf des Geistes wie ein Klang aus einer andren Welt, weich und schmeichlerisch, aber gleichmässig, einförmig, ohne künstlerische Wohlgestalt, wie eine Naturkraft.

Das wiederholt sich, kaum merklich variirt, immer wieder und bohrt sich in des Knaben Hirn, unheimlich siegreich in seiner Stetigkeit, bis das arme, schwache Geschöpf ihm erliegt.

Von diesem verführerischen, tödtlich-beharrlichen Ruf heben sich nun von selbst die Stimmen des Vaters und des Kindes weit gegensätzlicher als bei Schubert ab, obwohl auch bei diesem beide ganz ihrer Natur und der Situation gemäss, und mit nicht viel andren Noten als bei Loewe singen. Nur dass das Wort des Vaters bei Loewe noch um ein Weniges beschwichtigender wirkt, das Kind noch um ein Weniges ängstlicher und qualvoller aufschreit als bei Schubert. Nur um ein Weniges! Und doch genügt es, die Contraste des Bildes zu verschärfen. So weht auch bei Schubert der Sturmwind über die Haide, die Hufe des Rosses klappern, schneller, immer schneller, bis der vom Entsetzen gejagte Alte Haus und Hof erreicht — es sind fast ganz dieselben Mittel, die Loewe zur Erreichung der gleichen Absicht gebraucht — aber auch ihre Linien sind schärfer, ihre Farben stärker.

Gleich mit den ersten Takten führt uns Loewe in medias res.

Wir meinen das Heulen des Sturms, der mit vollen Backen bläst, in den beiden Takten zu hören:

Wir sehen das Ross sich bäumen und hören seinen Galoppsprung, bis das Ganze noch greller und düsterer als bei Schubert ausklingt:

So hat Loewe das Charakteristische auch hier über das Formale gestellt, während sich bei Schubert das Verhältniss gerade umkehrt, und mit Recht darf man sagen, Schubert habe das Gedicht, wenn auch mit äusserster Erweiterung der Form und in engem Anschluss an den Balladenstil, als Lied componirt, während bei Loewe der Componist, der Sänger mit seinem Ich hinter seinen Stoff zurücktritt und Alles, was er uns mittheilt, nicht in seiner, sondern in der besonderen Art seiner Menschen und Dinge äussert. Ein Componist aber, der das vermag, ist eben der Balladencomponist von Gottes Gnaden. Eins muss jedoch noch hinzukommen, um seinen in diesem Geiste geschaffenen Werken die Weihe der höchsten Meisterschaft zu geben: die Kunst, auch diese verschiedenen und verschiedenartigen Elemente zu einer Einheit zu verbinden, und das ist Loewe selten so unvergleichlich wie im »Erlkönig« gelungen. Dass seine Phantasie von jedem Gegenstand anders, bald so, bald so befruchtet wurde, und immer neu, immer bezeichnend, vor keinem Eindruck in Erde, Höll' und Himmel zurückscheute, das lehren uns zahlreiche Beispiele aus dem reichen Hort, den er uns hinterlassen. Aber die Früchte dieser Berührung liegen oft wie die Producte verschiedener Zonen in einer Schüssel vereint. Sie gehören verwandtschaftlich nicht zusammen, es verbindet sie nichts, und wenn wir sie auch eine jede für sich geniessen, so spüren wir doch sehr oft ihre Fremdheit. Der »Erlkönig« Loewes gehört aber zu den wenigen, in der ganzen Musikwelt seltenen Compositionen, deren verschieden geartete Motive doch die Züge der Verwandtschaft tragen. Aus dem dreitheiligen Rhythmus wachsen hier der Gesang des Nebelfürsten, das milde Vaterwort und der Hülferuf des Kindes, wie die Motive des Sturmwinds und des jagenden Pferdes hervor. Sie gehören stilistisch zusammen, sie bilden ein Ganzes.

In den allermeisten Fällen ist Loewe freilich in der Balladencomposition der oben gekennzeichneten einfacheren, kunstloseren Praxis getreu geblieben. Hat ein Gedicht den sympathischen Nerv in ihm berührt, dann wartet er auf den Einfall von oben, und hat sich ihm das Balladenwort in den Balladenton verwandelt oder vielmehr in so und so viele Themata oder Motive, wie das Gedicht selber sie anschlägt, dann lässt er sie erklingen, wie sie ihm gekommen sind, und kümmert sich zumeist nicht darum, sie zu verarbeiten. Mit so wunderbarer Sicherheit decken seine Einfälle in seinen besseren und besten Compositionen Wort und Stimmung des Gedichts, dass man nicht müde wird, sie anzuhören, und es als einen Ueberschuss empfindet, wenn der Meister auch noch ein kunstreiches musikalisches Gefüge auf ihnen errichtet. Auch die zunehmenden Jahre änderten an seiner Compositionsweise nichts. Die Schöpfungen seiner ersten Jugend gleichen darin, wie schon angedeutet wurde, denen seines Mannesalters auf ein Haar, und auch im beginnenden Greisenalter hatte er nicht nöthig, das Ausbleiben der Inspiration durch verdoppelte Kunst zu decken. Er vertraute seiner Schöpferkraft, und er durfte es thun.

So genügen ihm drei oder vier, oft auch nur zwei melodische Themata oder gar nur Motive zur Bestreitung der Composition auch weitschichtiger Balladen. Ja, mit einem einzigen reicht er aus, wenn das Gedicht es nur gestattet. Für Platens »Pilgrim vor St. Just« z. B. bedarf er nicht mehr. Eine trübe Scenerie, Alles grau und grau. Der Sturm rüttelt an den Klosterpforten, die bleiche Hand des Kaisers pocht um Einlass, und mit den Schlägen an das finstre Thor klopft sein unruhiges Herz um die Wette. Die schwarze Nacht, der Aufruhr in der Natur — ein paar schwere Accorde, ein immer erneutes Pochen in der Clavierbegleitung, jenes eine Motiv, und wir haben Alles, was das Gedicht in uns wachruft. Selbst die Wendungen nach den Dur-Tonarten, als der Kaiser das Wort spricht: »Mehr als die Hälfte dieser Welt war mein«, als er der Krone und des kaiserlichen Hermelins gedenkt, bleiben schwer und ernst und im Charakter des Ganzen. Ein Meisterwerk!

Für den Uhland'schen »Harald« bietet Loewe zwei Themata auf: das des Heerzugs, den der reckenhafte Held führt, und das der Elfen, beide von einer erstaunlichen Treffsicherheit. Wie das in schweren, glänzenden Rüstungen gleichsam vor unsern Augen durch den Wald zieht, den »wilden

Wald!« Wie gross und prächtig und doch von wie cyklopischer Einfachheit!

Und dem gegenüber das leichte Geflatter, das Huschen und Raunen, das Wispern und Kosen der Elfen!

Mit diesen beiden Glücksgaben aus dem Füllhorn der Götter reicht der Componist aus. Nicht völlig zwar. Er erweitert sie, er gewinnt ihnen einige Wendungen ab, die sie einander nähern und mit einander verbinden — aber dies Theilchen künstlerischer und in dieser Composition besonders trefflicher Arbeit wiegt doch leicht gegen die Stärke der beiden Themata selbst, die, so oft sie angeschlagen werden, ihre magische Kraft an uns bewähren.

Das glückt nun zwar nicht immer, z. B. in der Kuglerschen Legende »Jungfrau Lorenz« nicht ganz (op. 33,1), die im Wesentlichen auf ein freilich allerliebstes, je öfter man es hört, desto morgenheller und sonntäglicher anmuthendes Motiv gebaut ist:

Aber für das lange Gedicht reicht dieser einzige Haupteinfall doch nicht ganz hin, und was ihm an Motiven beigegeben ist, auch der eingefügte Choral, hält den Vergleich mit den besten Gaben Loewescher Erfindungskraft nicht aus.

Da steht es anders mit den allbekannten, vielgesungenen »Heinrich der Vogler«. Auch hier trifft die Melodie (eine einzige, im Verlauf der Composition nur schwach umgemodelte Hauptweise, deren Strophen durch kunstlose Bindeglieder zusammengehalten werden) die Grundstimmung des Gedichtes zum Entzücken. Der Ausdruck kindlich-naiven Behagens an der Herrlichkeit der Welt und dem zweifelhaften Vergnügen des Vogelfangs, blitzende Thautropfen auf dunklem Tannengrün, ein Hauch von »Blumen-Würzgeruch und Duft«. Aber da das Gedicht sich in knappen Formen hält und sein Inhalt diese schlichte, volksthümliche, halb liedartige Behandlung verträgt, ergötzt uns hier bis zum letzten Ton, was uns in der weitläufiger angelegten »Jungfrau Lorenz« schon leicht zu ermüden beginnt.

Noch weniger lässt sich gegen die strophische Behandlung des Gedichts hinsichtlich des »Fridericus rex« einwenden, der, ganz volksthümlich (wie der »General Schwerin« und das reizende »Jungfräulein Annika«) auch auf den Ton einer alten Liedweise gestimmt ist (»Es marschirten drei Regimenter wohl über den Rhein«), über deren Verwerthung Runze in der Einleitung zu seinem aus Loeweschen Compositionen zusammengestellten »Hohenzollern-

Album« alles Thatsächliche mit feinsinnigen Vermuthungen beibringt. Immerhin ist der »Fridericus«, wenn er auch mehr von der Lied- als der Balladenform an sich trägt, kein reines Lied, und Loewe, der, um seinen höchsten Gipfel zu erreichen, der Anregung durch die Stoffwelt bedurfte und seine eigenen Empfindungen durch ein fremdes Medium hindurchleiten musste, fand diese Bedingungen zur vollen Entfaltung seines Genius auch hier. Denn, wenn das Gedicht ebensowenig eine ausgereifte Ballade ist, so spricht aus ihm der Poet doch auch aus der Seele eines Andren, nicht aus der eigenen Seele heraus: aus der Seele eines biederen preussischen Grenadiers, der, ganz erfüllt von blinder Begeisterung für seinen grossen König, von seiner Liebsten Abschied nimmt, um in den Krieg zu ziehen. Auf den Standpunkt dieses Wackren hatte sich also auch der Sänger zu versetzen, und wie es ihm gelungen ist, das bedarf für die Kenner der Composition keiner Worte. Dieser täppische Stolz, diese Wiederspiegelung des Caesarengeistes und seiner kurzangebundenen grimmigen Herrscherworte in der redlichen Seele des einfachen Soldaten, der gutherzige Humor, wenn es die weinende »Lowise« zu trösten gilt, der fast erhabene Aufschwung in den Schlussworten, der sich mit der Berliner Pfiffigkeit und dem schlauen Wunsch »O hättest du nur öfter zu plündern permittirt« ganz gut verträgt — das Alles kommt in dem Melos der beiden Weisen, die der Componist dazu anschlägt, so naturwüchsig, und man möchte sagen, so historisch echt zum Ausdruck, dass uns das Lied wie ein künstlerisches Document aus jenen Tagen anmuthet, da die Schlachten von Zorndorf und Leuthen geschlagen wurden. Ein Document von der köstlichen Art des Trompeterliedes vom Prinzen Eugenius, dem ja Loewe gleichfalls ein bedeutendes Denkmal gesetzt hat. Nur dass das vortreffliche Freiligrath'sche Gedicht weit mehr als Härings »Fridericus rex« vom Wesen der Ballade an sich trägt und den Componisten zu kunstvollerer Behandlung nöthigte. Die hat Loewe ihm denn auch ohne Künstelei und ohne den volksthümlichen Zauber zu zerblasen, der auch dies Gedicht noch umlagert, gegeben. Er declamirt gleich die Einleitungsworte in dem auffallenden Rhythmus des alten Eugeniusliedes, aber nur in seinem Rhythmus: die Melodie geht ihre eigenen Wege. Sie trägt soldatische Züge, sie taugt vorzüglich zur Schilderung des lustigen Biwaks am Donauufer, aber die Weise, die sich aus ihr entwickeln soll, lässt sie kaum erst ahnen. Die zweite Strophe bringt nichts Neues, und auch in der dritten, die von dem Trompeter handelt, der neben seinem müden Schecken ganz allein »auf einer woll'nen Decken« liegt, verändern sich ihre Züge nur ein wenig. Aber diese leichte Verwandlung genügt, um deutlicher hindurchschimmern zu lassen, was kommen soll: das prächtige alte Lied von der Erstürmung von Belgrad. Und da setzt es ein, leise erst und noch nicht in der vollen Leuchtkraft seiner Melodie, bis die Reitersleute es begriffen haben und es im Fortissimo dahinbraust »Prinz Eugen, der edle Ritter«: das Lied, das so, gleichsam vor unsren Ohren, entstanden ist. Eine ganz geniale Zurüstung der Wirkung, und doch so einfach, wie es das Beste fast immer ist. Und wie der dichterische und musikalische Trompeter nun, während sein Lied weiterklingt, mit einer kenntlichen Geberde, wohlgefällig schmunzelnd, seinen Schnurrbart streicht und den Seitenweg zur Marketenderin einschlägt, das gehört zu Loewes feinsten Einfällen: eine Einzelheit, die sich doch unaufdringlich und ungeziert in das meisterliche Gesammtbild einfügt.

HANNS FECHNER.

Nun adjö, Lowise, wisch ab das Gesicht,
Eine jede Kugel, die trifft ja nicht;
Denn träfe jede Kugel apart ihren Mann,
Wo kriegten die Könige ihre Soldaten dann?

(Aus »Fridericus Rex.«)

Bulthaupt, Loewe.

Je complicirter nun aber eine Ballade angelegt ist und je weitere Dimensionen sie annimmt, um so seltener konnte, wie es in der Natur der Sache liegt, der Componist mit einem so kleinen Themenvorrath reichen, und um so zweifelhafter musste das Gelingen erscheinen, wenn er das Gedicht gleichwohl entweder ganz oder in einzelnen, bald grösseren, bald kleineren Abschnitten, nach der Art der Strophenlieder in Musik setzte. Dennoch scheute er, der Unermüdliche, rastlos Schaffende nicht davor zurück, und die merkwürdige charakteristische Schönheit seiner Motive musste dann das ihrige thun, um den Hörer über etwaige Bedenken hinwegzutragen, Bedenken, die sich aus dem öfteren Wiederholen ein und derselben Weise, also aus der Monotonie, und dem nicht immer zu vermeidenden Umstand herleiten, dass die Melodie, die für eine Strophe taugt, nicht ebensogut auch zu der zweiten und dritten stimmt.

Das ist z. B. der Fall mit dem »Grafen von Habsburg«, der in zwei musikalische Haupttheile zerfällt, die durch die Mittelglieder nicht eben fest verbunden sind. Was dem Componisten das erste Thema eingab, erklärt uns das Thema selbst: das Gepränge der Kaiserkrönung, der mächtige Saal, das Volksgewühl, Posaunenklänge und Jubelrufe. So stellt es sich uns dar, breit und pomphaft, und so muss es gespielt und gesungen werden. Die Stimmung, die das Gedicht in dem Musiker geweckt, theilt sich auch dem Hörer mit, und wenn uns auch »der Sterne Chor« und die ersten Takte des Nachspiels allzu niedlich erscheinen wollen, so machen die letzten wuchtigen Töne desselben diesen winzigen Fehler wieder gut, und wir fühlen uns so festlich erhoben, wie die Theilnehmer an Kaiser Rudolfs Mahl.

Ohne Zwang fügt sich diese glänzende Weise auch der zweiten Strophe: der Schilderung der Menge, die sich auf dem hohen Balcon drängt und, während die Tuben dröhnen, dem Mächtigen zujauchzt, der »der kaiserlosen, der schrecklichen Zeit« ein Ende gemacht hat und als ein Richter auf Erden erschienen ist. Nur dass uns die zierlichen Figuren, die wir in der ersten Strophe noch willig hinnahmen, hier, zu den Worten »Nicht blind mehr waltet der eiserne Speer« und nach dem Satz »Nicht fürchte der Schwache der Friedliche mehr Des Mächtigen Beute zu werden«, schon bedenklicher stimmen. Doch geht auch das noch an, denn die Gesammtstimmung gilt hier mehr als das Détail der Worte. Wenn aber zu der dritten Strophe, die sich unter dem Festgetöse der Menge geradesweges zum Kaiser wendet, der nach dem Sänger verlangt, dem »Bringer der Lust«, dieselbe schmetternde Weise wiedertönt, also zur Illustration einer ganz intimen Regung in der Seele des Herrschers, dann habe ich doch das Gefühl von etwas Ungehörigem und sage mir, dass der grosse Componist, wenn er sein Gewissen genau gefragt hätte, eine Antwort erhalten haben würde, die ihn von der Verwendung der Festmelodie für dies schlichte, herzliche Verlangen des Kaisers hätte abhalten müssen.

Leider ist das zweite Thema, auf dem sich die Erzählung des Sängers von dem Abenteuer des jugenden Grafen aufbaut, von Haus aus viel zu leicht gegriffen, um sie tragen zu können. So prunklos das Erlebniss Rudolfs auch ist, so schwer ist es an innerem Gehalt, und für den priesterlichen Gang zu dem Sterbenden, für des Grafen ernsten demuthvollen Sinn, selbst für die äussere Decoration des Waldthals mit dem reissenden Giessbach reicht das simple Jagdmotiv nicht aus, ob auch zehnmal das Glöcklein des Messners dazu läutet. Durch fünf Strophen behält Loewe das Motiv bei, fast unbegreiflicher Weise! Denn, wenn es die flüchtige Freude der Gemsjad auch ganz artig wiederspiegelt — wie seltsam nimmt es sich zu den folgenden (nebenbei bemerkt von den Schiller'schen etwas abweichenden) Worten aus:

Wohl gewinnt die Composition bei der ergreifenden Stelle
»Von dem ich Ehre und irdisch Gut
Zu Lehen trage und Leib und Blut
Und Seele und Athem und Leben«
den vollen Ausdruck herzbewegender Innigkeit, wie sie sich schon bei den grossartigen Worten von der »gebietenden Stunde«, der der Sänger zu gehorchen hat, hoch über den Pomp der Eingangsverse erhoben hatte; wohl fasst sie das Jetzt und Einst zum Schluss zu erhabener Rührung herrlich zusammen — aber den Gehalt des Gedichts erschöpft sie als Ganzes nicht völlig. Und dazu enthält sie sogar bei dem Eintritt des greisen Harfners in den Krönungssaal einen geschmacklosen Schnörkel, den die Gegner Loewes ihm gern aufmutzen: der lange Talar des Alten ist es, der in einer italianisirenden altfränkischen Coloratur zu Boden wallt.

Unverständige haben Loewe so oft ohne Grund der Trivialität beschuldigt, weil sie seine kindliche Freude am Genrehaften und Zierlichen für vollwichtig nahmen und seine charakterisirende Absicht verkannten. Hier wäre nun einmal eine Stelle, die auch die beste Absicht nicht zu entschuldigen vermag, und die man darum ruhig preisgeben sollte.

Mit demselben Vorwurf hat man auch, und zwar mit etwas besserem Recht, die Ballade »Huesca« belastet. Zu den reifsten Werken Loewes gehört sie gewiss nicht, trotz der exotischen Farben, mit denen die leidenschaftliche Liebe des Mohren gekennzeichnet wird, und der harten Gebietersprache des spanischen Grossen. Grelle, nahezu hässliche Töne, zu denen den Componisten der Contrast geführt haben mag. Denn das Thema des zweiten Theils schwimmt in überweichem Wohllaut, das Abbild einer spanischen Sommernacht:

Allzu vornehm ist es ja nicht und nebenbei ein neuer Beweis für die italienischen Tropfen in Loewes deutschem Künstlerblut; aber man sollte sich weniger an dieser Melodie, als an der Zähigkeit stossen, mit der Loewe sie festhält; denn diesen Tadel kann man ihm nicht ersparen. Der Todesschrei der unglücklichen Donna Anna, der messerscharf in das süsse Tongeplätscher dringt, wirkt darum geradezu wie eine Erquickung, und nur ungern lassen wir das süsse Gewoge am Schluss noch einmal über uns ergehen. So widert uns ein an sich lieblicher Trank zuletzt durch sein Allzuviel, und es wäre oft zu Loewes Vortheil gewesen, wenn er mit seinen Einfällen besser Haus gehalten und es beherzigt hätte, dass »weniger« sehr oft »mehr« ist. Mit den schwächeren Einfällen selbstverständlich, denn mit seinen besten Gaben ermüdet er uns nicht so leicht. Im Gegentheil!

Zu diesen besten zähle ich auch »Tom den Reimer« und zwar wie er geht und steht, mit all seiner Melodieenfülle und dem Glockenspiel der Elfenkönigin, einem jener Beispiele, das dem verwöhnten Sinn gleichfalls trivial erscheinen mag und das doch gegen einen so ungerechten Tadel mit allem Nachdruck vertheidigt werden sollte. Freilich nur ein naiver Künstlergeist konnte es schaffen, und nur mit naiver Freude kann seine anspruchslose Anmuth genossen werden. Aber wie wäre das Klingen der silbernen Schellen kenntlicher und musikalischer wiederzugeben, als in diesem holden Getön? Und zu den musikalischesten aus Loewes reichem Balladenhort gehört »Tom der Reimer« durchweg, in all seinen einzelnen Partieen. Es sind keine melodischen Brocken, keine blossen »Motive« und »Themata« — es sind musikalische Organismen, wohl nur kleine, aber wohl ausgewachsene und ausgeglichene, sofort als Ganzes gezeugte, nicht, wenn der naturwissenschaftliche Vergleich gestattet ist, durch Zellenfortpflanzung, durch das Aneinanderreihen gleichartiger Keime oder Glieder gebildete: das leicht dahinfliessende Vorspiel (der Bach, an dem der »Reimer« sitzt), das uns auf etwas Phantastisches, aber von heller, freudiger Art vorbereitet (wie uns das hastende Vorspiel zum »Herrn Oluf« mit seinen Moll-Accorden und dem Elfenmotiv, und die geschäftige Einleitung von »Tod und Tödin« mit dem nächtlichen Treiben der bleichen schönen Frau, die den Menschen die Sterbhemden wäscht, sogleich auf den schauerlichen Ton dieser ergreifenden Balladen stimmen); das Nahen der »blonden Frau«, Toms von tiefer gläubiger Innigkeit gesättigter Ausruf »Du bist die Himmelskönigin«, das Zwölfachtel-Sätzchen, ganz besonders aber die selige Weise, zu deren Klängen der Reimer und die schöne Fee den Bund schliessen. Auf alle diese vor allem zielt die Behauptung von dem Charakter dieser Melodienbildung, die sich von der dem Componisten in der Mehrzahl seiner Balladen geläufigen merklich unterscheidet. Und wenn sie von Wohllaut überströmt, dann werden dem Meister seine Saiten vielleicht darum so süss geklungen haben, weil der Stoff eines Sängers Liebesglück verherrlicht und weil dem träumenden Reimer die Liebe selber in Tönen naht: in dem hellen Geläut der Glöcklein. Das ist natürlich nicht mehr als eine Vermuthung, aber beweisen lassen sich derlei Vorgänge im künstlerischen Schaffen ja selten oder nie. Aber dass die kleine Handlung der Reimer-Ballade musikalische Elemente mit sich führt, wird Niemand leugnen wollen. Und ist es etwa auch ein Zufall, dass diejenige unter Loewes Balladen, die den Zauber der Musik direct verherrlicht, der »Nöck«, eine Melodieenfluth ent-

3\*

fesselt, die man bei dem Meister in dieser Unaufhaltsamkeit kaum wieder findet? Was bei »Tom dem Reimer« noch cum grano salis zu verstehen ist, das erfüllt sich hier ohne jeden Vorbehalt. Dort waren es kleine Tongebilde, hier ist es ein breitquellender Erguss, der in mächtiger Welle auf den Hörer einrauscht — er lässt sich nicht theilen, er ist eine Einheit, von den ersten Tönen des »Harfenschalls« bis zu der wundervollen Phrase von der Nachtigall, die den Odem anhält um der herrlichen Kunde zu lauschen. Loewe hat zwar überall, wo es in seinen Balladen eine rein lyrische Stimmung in Tönen wiederzugeben galt, dem Musiker in sich den freien Odemzug nicht verkürzt, und wie er zu singen versteht, davon giebt unter vielem Andern die Einleitung zur »Gruft der Liebenden« Zeugniss: ein Satz, formell so rund in sich abgeschlossen, wie im Ausdruck des schwülen, berauschenden Webens der Natur in Erd' und Himmel unvergleichlich. Aber nie ist ihm die melodische Quelle so unwiderstehlich, als sprengte sie ihre Schleusen, hervorgesprudelt wie im »Nöck«.

Die Beispiele sind nicht blind gewählt worden. Sie alle kennzeichnen eine Art aus der Fülle der Balladenschöpfungen Loewes und bestimmte Züge seiner künstlerischen Individualität. Sie zeugen von seiner dramatischen Kraft, von seiner tiefen leidenschaftlichen Empfindung, von seinem Vermögen, die Geister zu citiren; sie bekunden seine auf den verschiedenartigsten Gebieten der Seelenstimmung und des äusseren Lebens gleich heimische Phantasie, seine Naivetät, seine volksthümliche Ader, und sie zeigen ihn auch in seinen echt musikalischen Inspirationen, in grossen, in einem Gusse hervorströmenden Melodiebildungen. Dass diese zu den Seltenheiten in Loewes Compositionsweise gehören, ist dabei nicht verschwiegen worden, nicht minder, dass die musikalische Form in seinen Balladen fast überall hinter dem Inhalt verschwindet und von dem Charakteristischen überwogen wird. Und wenn seine Stärke in der Genialität seiner ganz von der Stimmung der Balladenmotive durchtränkten Einfälle beruht, so liegt die Gefahr seines Schaffens in der Aneinanderreihung der einzelnen Themata, die selten verarbeitet, oft nur ganz lose mit einander verbunden sind. In seinen bedeutendsten Schöpfungen auch der höchsten Kunst mächtig, die verschiedenartigsten Motive aus einem gemeinsamen Keim zu entwickeln und zu einem festen Organismus zu verbinden, schlägt er in der Regel den anderen Weg ein, entweder eine Dichtung ganz oder doch fast ganz strophisch zu componiren oder bald mit einer, bald mit zwei und mehr Hauptweisen unter Einfügung kürzerer Mittelglieder auszureichen; und haben wir von seinen einfacher construirten Balladen einige Musterstücke kennen gelernt, so wären jetzt auch von seinen motivisch reicher ausgestatteten Schöpfungen einige der hervorragenderen genauer zu betrachten, die des Meisters zum Theil von der Gattung der Balladencomposition unzertrennliche Schwächen zwar nicht immer verleugnen, noch beredter aber für sein Genie, den Reichthum seiner Einbildungskraft und die Stärke seiner Empfindung Zeugniss ablegen. Zumeist sind es, wie es nahe genug liegt, Gedichte von breiter Construction, die den reicheren Apparat erforderlich machten, den Loewe im »Grafen von Habsburg« zu Unrecht verschmäht hat, und »Der Gott und die Bajadere« und »Archibald Douglas« mögen zur Kennzeichnung dieser Gruppe dienen.

Zunächst das Goethesche Gedicht, das Loewe noch mit dem älteren Titel, dem Namen des göttlichen Helden, »Mahadöh« überschrieben hat.

Das Gedicht gehört nicht nur zu den schönsten, die Goethe auf dem nicht immer sicher von ihm beherrschten Balladengebiet gelungen sind — es ist eine der wundervollsten Dichtungen aus dem gesammten Bereich der deutschen Literatur überhaupt. Ein Vorwurf, so recht nach dem Herzen des Dichters, der fast in allen seinen Balladen nur ein einziges Thema, die Liebe, anschlägt: ein gnadenreicher Gott erhebt ein armes Geschöpf, das zum ersten Male wahrhaft, nur um der Liebe willen liebt, zu sich in die himmlischen Höhen. Und dabei die ruhigste Disposition des allerdings einfachen Stoffes. Klar und schlicht breitet sich die Handlung vor uns aus, und sehen wir von den etwas trockenen Eingangsworten ab (auch in der »Braut von Korinth« schlägt Goethe zu Anfang einen auffallenden, nur noch trockeneren Chronistenton an) — dann ist jedes Wort des unvergleichlichen, des grössten Lyrikers nicht nur Deutschlands, sondern der Welt werth. Für die ersten Werbungen der Schönen, für die heiss in ihr entbrennende Neigung, für die verschwiegenen Liebesfreuden, für den Jammer der Verzweifelnden, für die mächtige Todtenklage wie die Seligkeit der Entsühnung — für Alles findet er, für Strenges und Zartes, den rechten Klang, den unnachahmlichen Zauber seiner ganz im Schönen gelösten Rede.

Die grossen Contraste der Handlung des Gedichts mussten eine dramatisch veranlagte Natur ebenso reizen, wie der musikalische Odem, der in ihm weht, und seine besonderen musikalischen Bestandtheile (der Tanz der Bajadere zum Cymbelklang, der Gesang, den die Priester über dem vermeinten Leichnam des Götterjünglings zur heiligen Klage der »Drommete« anstimmen) den Musiker. Dazu kam der indische Hintergrund, der der Composition ihre besondere Färbung vorschrieb, wenn auch nur für die decorativen Zuthaten, nicht für den Kern der Dichtung; denn der ist schlechtweg »menschlich« und weiss von Orient und Occident nichts. So ging denn auch Loewe vor. Wo das Gedicht nur berichtet, sachlich, reizlos, da versagt ihm auch die Erfindung, und über seine Composition der ersten beiden Strophen würde es selbst der enthusiastischsten Natur schwer werden in Verzückung zu gerathen. Aber der Tanz entlockt ihm ein graziöses, orientalisch anmuthendes Motiv, das rasch an uns vorüber rollt um dem einschmeichelnden Thema Platz zu machen, das zum Thema des Mädchens und seiner Liebe wird, das, bald so, bald so verändert, in allen folgenden Situationen, auch über der Bahre des Geliebten noch wiederkehrt, und das folgendermassen beginnt:

*Allegretto.*
Schmeichelnd zieht sie ihn zur Schwel - le, leb - haft ihn in's Haus hin - ein.

Das Thema wechselt zunächst mit dem Tanzmotiv und einem zweiten das mehr Declamation als Musik ist, schon in der ersten Strophe angeschlagen wurde und bei den Worten wiederkehrt:

»Aber sie schärfer und schärfer zu prüfen
Wählet der Kenner der Höhen und Tiefen
Lust und Entsetzen und grimmige Pein«.

Zu ihnen gesellt sich ein drittes, das weich und leidenschaftlich »der Liebe Qual« schildert, die, überwältigt von der nie gekannten Empfindung, in Thränen zerfliessend, zu den Füssen des schönen Fremdlings niedersinkt; endlich ein viertes, das, wiegend und schaukelnd,

»des Lagers vergnügliche Feier« verkündet, nicht allzu vornehm, aber auch nicht zu leicht, tändelnd, fast unschuldig, und darum ein Zeugniss für den reinen Sinn seines Schöpfers, dem jede Regung zur Frivolität und zum Lüsternen fernlag und der uns in dem Becher, in den heissere Gemüther ein scharfes Gewürz gemischt haben würden, einen milden Süsstrank credenzt, mehr kühlend, als berauschend.

Ihren Höhepunkt erreicht die Composition jedoch erst in ihrer zweiten Hälfte, als es zu jammern und zu klagen gilt. Die scharfen Töne zu den Worten »Schreiend stürzt sie auf ihn nieder«, das im sforzando wiederholt einsetzende lang gehaltene e der Bassnoten in der Clavierbegleitung der kleinen Sätze, die den mächtigen Rufen der Priesterchöre voraufgehen, und diese Chöre selbst in ihrer Herbheit und Unerbittlichkeit weiten mit den Mitteln der Musik die Skizze der düstren Verbrennungsfeier, die das Gedicht entwirft, zu einem grossartigen in tiefen, satten Farben gemalten Bilde aus. Das oft zu knapp bemessene motivische Rüstzeug Loewes erscheint hier unerschöpflich. Jeder Vers, der von den Todtengesängen der Braminen redet, und diese Gesänge selbst schlagen neue Weisen an, die, trotzdem sie sich immer nur über wenige Tacte erstrecken, wohlausgewachsene Melodien mit strengen, schreckhaften Zügen sind. So der kleine Satz:

Ihm reiht sich im Fortissimo zum Gedröhn der Tuben ein neues Thema an (»Ertöne, Drommete«), bis die Verzweifelnde sich in die Flammengluth stürzt, der Himmlische (wiederum eine neue Weise) mit der Getreuen auf Liebesflügeln aufwärts schwebt, und das eben vernommene Drommetenthema zu den herrlichen Worten des Gedichts die Gottheit preist, die sich der reuigen Sünder freut und Verlorene mit feurigen Armen zum Himmel emporhebt. Fällt die Composition der Ballade in ihrer ersten Hälfte mosaikartig auseinander, in ihrem zweiten Theil, der Todtenweihe, schliessen sich alle ihre Glieder zu einem Ganzen von scheinbar colossalen Dimensionen zusammen.

Schade, und doch vorherzusehen, das es Loewe mit der „Braut von Corinth", die er auch zu meistern versucht hat, nicht gleich gut wie mit dem »Mahadöh« gelungen ist. Aber das Gedicht, so wundervoll in seiner mittleren Partie, dem Liebesbacchanal, so grossartig in seiner Schlussstrophe, führt doch zu viel in Musik nicht recht löslische Worte mit sich, und seine Contraste tönen nicht so stark, wie es die der verschwisterten Ballade thun.

> „Aber bei dem wohlbestellten Essen
> Wird die Lust der Speise nicht erregt.
> Müdigkeit lässt Speis' und Trank vergessen,
> Dass er angekleidet sich auf's Bette legt"—

wie soll man das, trotz Goethe, componiren! Zudem verweilt das Gedicht nach der Erledigung des Sachlichen in den Eingangsstrophen und nach dem Erscheinen des Schemens (der bei Loewe unheimlich leise wie ein kalter Hauch zur Thür hereingleitet) bei den rein theoretischen Erörterungen über Christenthum und Heidenthum in den Dialogen zwischen dem Jüngling und der Braut viel zu lange, zu lange auch, in breitester Ausführlichkeit, bei der Liebesscene, die Goethe im »Mahadöh« so zart verhüllt hat, und diese Klänge standen dem Componisten nicht zu Gebote. Italienische Melismen, reich colorirt, ohne Wahrheit und Wärme, trotz allen Glanzes so blutlos wie das corinthische Mädchen selber, sentimentale Phrasen, die nicht enden wollen; nirgends ein melodischer Treffer, selbst in den letzten Worten nicht, so dass wir die Oede bei der Länge des Gedichts doppelt empfinden. Und gerade hier hatte sich Loewe auch die Arbeit nicht leicht gemacht. Aber sie verfing nicht, da ihm die Hauptsache diesmal ausgeblieben, der ihm sonst immer willige Quell der Erfindung nicht geflossen war.

Dafür gelang dem Meister, schon in vorgerücktem Alter, gleichfalls auf dem Boden einer breit ausgeführten Erzählung noch ein wahrhafter Meisterwurf: der »Archibald Douglas«. Eine echte Ballade und eine von jenen, die alle starken Züge des Loeweschen Genius in seltener Harmonie vereinigen. Zwar verstattete auch hier die ausführliche Schilderung des Gedichts kein einheitliches Zusammenfassen aller Einzelheiten zu einem musikalischen Ganzen wie im »Erlkönig«. Aber der Erzähler, der Dramatiker und der Lyriker Loewe reden in ihr mit charakteristischer Zunge, und Alles, was sie verkünden, ist edel, kräftig und innig. Nicht ein einziges Motiv, das zu leicht wöge; die strophischen Partieen decken sich mit dem Inhalt der Worte auf das Vollkommenste, die malerischen Züge sind sparsam verwandt, diskret und doch von hellster Deutlichkeit, und Alles, was Dichter und Componist uns berichten, wird von dem Fluidum einer Stimmung umwallt, die trunken von Kindheitserinnerungen und Heimathssehnsucht, auch das Herz des Hörers in ihren Bannkreis zieht und in weicher und doch befreiender Rührung löst.

Ein paar kurze Schläge, die ein schweres Geschick ankündigen und um die es sich dann wie das Empfinden eines übervollen Herzens zusammenballt:

Und die Klage des Verbannten hebt an, so tieftraurig und trostlos, wie die Worte des Gedichts lauten:

> »Ich hab' es getragen sieben Jahr
> Und ich kann es nicht tragen mehr.«

Auch die zweite Strophe begleitet die trübe Weise, auch die dritte, nur dass sie sich hier in ihrer zweiten Hälfte energisch und trotzig aufrichtet:

»So komme, was da kommen will,«
und fast um Hülfe schreit:  nicht völlig:
Damit verschwindet sie aus die Triolen-
der Composition, und doch figur, die sich
zuerst in finstrer Tonfärbung zu den Worten zeigt,

sie kehrt in der Mitte des Gedichtes wieder, als der alte Recke das
Herz des Königs mit seinen Bitten bestürmt; sie wankt und weicht nicht,
und keine ihrer Wiederholungen möchte man missen. Linlithgow und
Stirlingschloss, die ersten Knaben- und Jünglingsfreuden lässt der Ver-
femhte vor der Seele des grollenden Herrschers, der ihn einst so sehr geliebt, neu erstehen, und als er den ersten Strom seines Flehens erschöpft,
als die Stimme ihm bei den Worten

»Ich hab' es getragen sieben Jahr,
Dass ich ein Douglas bin«

in Thränen erstickt, als der König ihm mit gewaltsamer Härte Gunst und
Gnade versagt — da setzt die süsse Bittweise wieder ein, zu König Jacobs
eigenen Worten, und legt für ein paar kurze Augenblicke den Grund seiner
Seele frei:
Aber der
Trotz und
der Zorn
siegen,
und das
neu ein-
setzende Thema, das rein äusserlich betrachtet, dem Ritt des Königs seine Entstehung verdankt, versinnlicht zugleich (und das ist die Hauptsache) auf das
Ergreifendste das athemlos jagende Herz des Douglas, das an das Ziel seiner
Sehnsucht gelangen oder brechen will. Ein oft bewährtes Mittel zur Erreichung dramatischer Steigerungen stellt sich auch hier ein: mit jeder neuen,
inniger und dringlicher werdenden Bitte steigt das Thema um einen Halbton,
fünfmal, bis der Gipfel erreicht ist und es in vollem Fluss der gequälten
Brust entströmt:

»Nur lass mich athmen wieder auf's Neu
Die Luft im Vaterland.«

Der verzweifelte Ausbruch:

»Und zieh dein Schwert, und triff' mich gut,
Und lass mich sterben hier,«

des Königs jähe Verwandlung, »hell leuchtete sein Gesicht«, das Ziehen des
Schwertes — »aber fallen liess er es nicht« — das überraschend, wie eine
neue Offenbarung (Jacobs gänzlich bezwungenes Herz) einsetzende G-dur, des

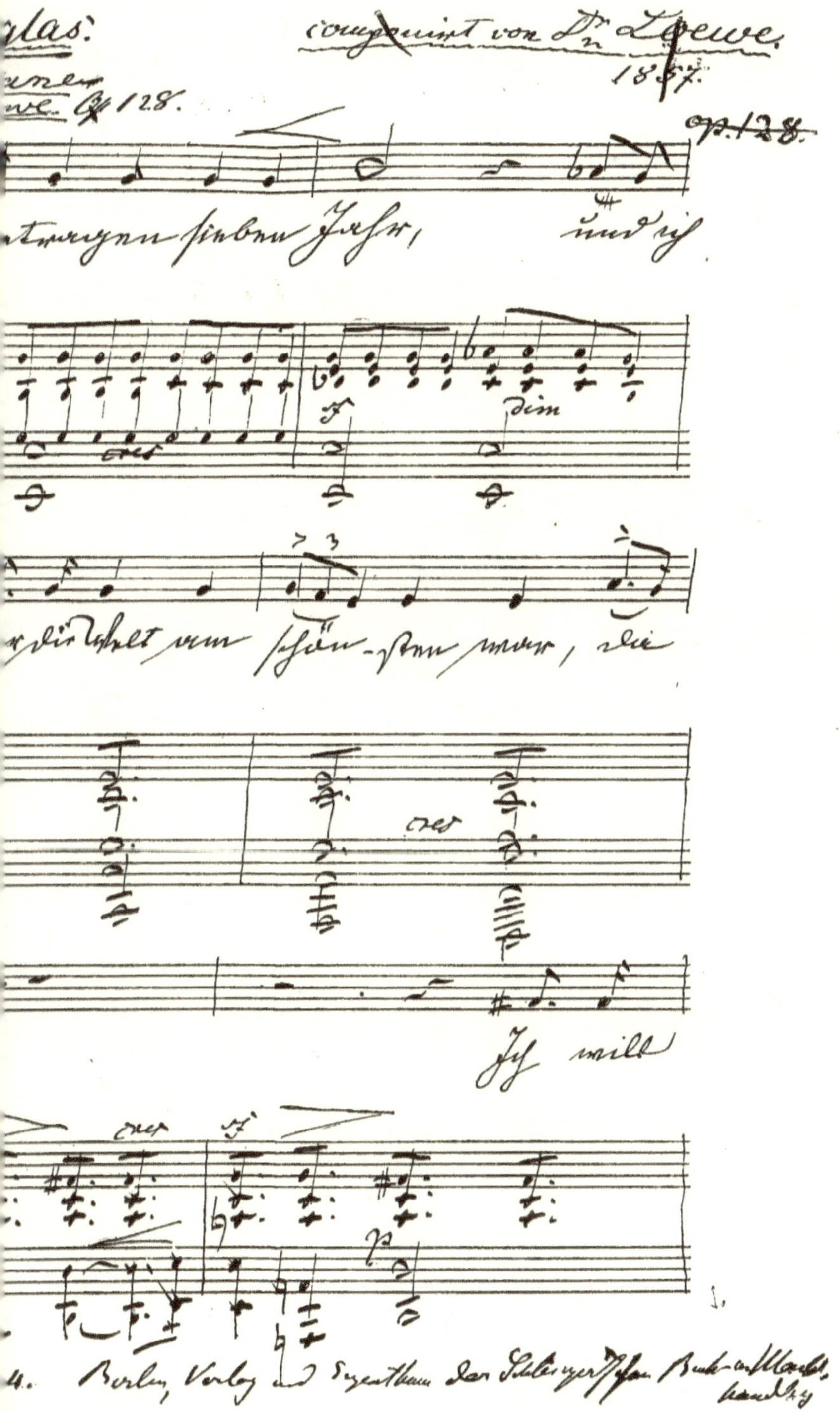


usikalienhandlung in Berlin reproducirt.

Königs ritterliche und warme Worte, die in einer bestimmten Wendung an die Stelle erinnern: »Ich hab' es getragen sieben Jahr, dass ich ein Douglas bin«, und aus denen zu guterletzt die alte Jugendlust mit dem alten herrlichen Motiv hervorjubelt: wie meisterlich ist das Alles in seiner dramatischen Schärfe, in seiner melodischen Fülle, in dem Uebermass seines Gefühls, eines starken männlichen Gefühls, das frei von aller Weichlichkeit, an die Erschütterung und die Thränen Macduffs gemahnt, der auf die schalen Trostworte der Freunde »Bezwinget euch, ertragt es wie ein Mann« erwidert: »Ich wills, wenn ich als Mann es erst gefühlt.« Von dieser Art ist des Douglas Rührung, und es müsste schon ein kaltes Herz sein, an dem sie (wenn es überhaupt die Sprache der Musik versteht) wirkungslos abprallte.

Die kurzen erzählenden Bindeglieder zwischen diesen Hauptsätzen, die auch in der äusseren Form fast ausschliesslich dramatisch gehalten sind (es sind Monologe und Dialoge) thun noch das ihrige, um die Stimmung zu verstärken und mit gefälligen Strichen die Scenerie des Gedichts zu malen. In lieblichen Contouren entschleiert sich uns wie dem alten Lord, der »in Wald und Feld« hineinsieht, die schottische Landschaft, und die hellen Jagdklänge fügen zu dem lichten Bilde, das mit dem Elend des Verstossenen so grausam contrastirt, die frischen Töne. Diese Bilder aber und diese Töne steigern das sehnsüchtige Verlangen in seiner Brust nur — und so wirken sie auch auf uns, und wir begreifen sein Leid doppelt. Und malte der Meister hier einfach und ohne Prätension äusserliche Dinge, die er nicht ignoriren konnte und durfte, so giebt er uns auch eine Probe psychologischer Malerei in dem stark hervortretenden Zuge, da Held Archibald sich vor dem mitten in der glänzenden Cavalcade reitenden König tief verneigt — auch hier sind die Contraste deutlich und doch nicht grell gekennzeichnet — und dem betretenen und empörten Fürsten die Zornröthe in die Wangen schiesst.

Kenntlich, nicht misszuverstehen, und doch weder kleinlich noch übertrieben! Und wenn der »lange Talar« des Harfners im »Grafen von Habsburg« den Componisten in der ganzen kindlichen Harmlosigkeit seines Naturells verräth — hier dürfte man sagen, blossstellt — so beweist der kleine Zug der Seelenmalerei in der citirten Stelle, dass das Genie des Componisten, wie das der allergrössten Künstler, auch die hellseherische Kraft der kindlichen Seelen und die erstaunliche Fähigkeit besitzt, einen psychologischen Vorgang, der nach aussen reflectirt, mit ein paar Tönen in die musikalische Sprache umzusetzen, so schlagend, dass wir ihn mit Augen zu sehen glauben. Der Zug der Hand, mit dem der Trompeter im »Prinzen Eugen« den Schnurrbart streicht, steht auf demselben Blatt.

Auf dem malerischen Détail beruht auch der Reiz einer anderen Gruppe Loewescher Balladen, von denen die humoristischen die ernsthaften an Werth übertreffen. Auch das liegt in der Natur der Sache. Die heitren Stoffe, die Loewe liebte und suchte, kindlichen Charakters zum Theil, vertragen die Kleinarbeit weit besser, als die tragischen Probleme, ja, sie rechnen sogar auf sie. Leid und Trauer aber erheischen einen grossen Faltenwurf und nicht den kleinen Zierrath, der für das Kindervölkchen taugt. »Der Blumen Rache« ist solch' ein Decorationsstück. Seine Hauptmotive sind weder musikalisch noch charakteristisch von Belang, so kenntlich das erste der tödtlichen Mattigkeit der schönen Schläferin sein Dasein verdankt und so trefflich das zweite, das die schimmernde Blumenpracht in bunten Fiorituren malt, auch für den Glanz des Sonnenlichts verwandt ist, das in der letzten Strophe voll in das dumpfige Gemach bricht. Auch der Reigen, den die Geister um das Lager des Mädchens schlingen, und der dem ersten Motiv verwandte Züge trägt, ist von keiner sonderlichen Erfindung. Aber mit liebevoller Hingabe versenkt Loewe sich in jede malerische Einzelheit des Gedichts, in das erste Flüstern der Elfen, die ihre Kelche sprengen, auf- und niederwallen und -schweben, und mit sichrem Griff überträgt er ihre Bilder in wenigen Takten in sein Tonreich: die schlanke Frau, die sich aus dem Purpurkelch der Rose hebt, den Neger, der zu einem Sätzchen alla turca aus dem Helm des Türkenbundes steigt, den Ritter vom Eisenhute, den Scepterträger der Kaiserkrone, das Lilienmädchen und den leidenschaftlichen Knaben, dessen Reich die Narcisse war. Gefällige Skizzen, und in der Form nicht allzuweit von einander abweichend. Aber derlei Schilderungen gehören nicht zu den höchsten Aufgaben der Musik, und dem grossen Schöpfer des »Edward«, des »Erlkönig«, des »Oluf« und des »Douglas« sollte man sie nicht auch als Meisterwerke anrechnen.

Wohl aber verdient das lustige Stückchen vom »Kleinen Haushalt«, das sich fast ganz aus den zierlichsten Miniaturbildchen zusammensetzt, diesen Ehrentitel, denn hier ist das Gefällige und Graziöse der letzte Zweck der Composition. Und mit den feinsten Mittelchen so anschaulich und behaglich schildern zu können, wie der Musiker hier, ist nicht vielen Malern und Zeichnern beschieden. Und dabei stimmt jede Kleinigkeit zu der frischen Hauptweise, der ersten, die das Gedicht anschlägt, resolut, als liesse ein Vater dazu seinen Buben, dem er sie vorsingt, auf den Knieen reiten.

Kein stilgetreuer Architekt könnte sein Material und sein Inventar zu dem Hause, das er gebaut, besser wählen, als Loewe zu diesem allerliebsten Thema sein Geräth und sein Personal herbeiholt. Und wenn die Tonart sich von D-Dur nach B-Dur wendet, um plötzlich mit demselben Mittel, das Mozart im Sextett des »Don Juan« bei Annas und Ottavios Eintritt gebraucht, zu dem leuchtenden D-Dur zurückzukehren — wie hübsch ist das! Und fast wirkt es wie eine drollige Parodie auf jene berühmte Stelle. Denn die zauberhafte Wirkung in Mozarts grossem Werke beruht darin, dass mit dem harmonischen Schritt von B nach D eine Fluth von Licht auf uns einzudringen scheint, nicht das Licht der Fackeln allein, die die Beiden begleiten, sondern das innere Licht, das von den reinen Seelen in die dunkle Nacht ausgeht. Dies ist die Stelle:  der die Kammer mit seinem Ker-
Bei Loewe aber ist von einem Glühwurm die Rede,

zenschimmer erhellt:
— Auch das glänzendere Thema im $^{12}/_8$ Tact, das die Pracht der Däumlingswirthschaft schildert, ohne den kindlichen und märchenhaften Charakter im Geringsten einzubüssen, ist ganz von Anmuth umkleidet, und nur ein grämlicher Pedant könnte der Heupferd-Carrosse, die so hurtig herangerollt kommt, dem Trab, den die Thierchen einschlagen und dem Galopp der $^{12}/_{16}$ seinen Beifall versagen. So schreckt man Kinder im Scherz, wie Loewe uns mitten in dem holden Getändel der letzten Weise bei den Worten schreckt:

Wie gut, wie beglückend! Und wie rein musste die Seele dessen sein, der uns dies Kindermärchen erzählen, der uns von dem Treiben der »Heinzelmännchen« unterhalten und das liebenswürdige »Hochzeitslied« singen konnte, wie reich die Phantasie, die mit diesem Zwergenvolk so gut Freund war wie mit den tückischen Feen im Erlenhain, den Gespenstern Gestorbener und allen Schrecknissen eines bösen Gewissens und einer herzbeklemmenden Leidenschaft.

Eine besondere Betrachtung verdienen von Loewes Balladen endlich noch — last, but not least — seine cyklischen Compositionen. Sie bringen uns nämlich den Beweis, dass es sehr oft nur die Länge des Gedichtes und die Fülle verschiedenartigen Stoffes in demselben war, die seine Schöpferkraft niederhielt und ihm die Bezwingung der Form erschwerte oder geradezu unmöglich machte. Sobald aber eine Ballade aus mehreren selbstständigen Gedichten besteht, in denen die einzelnen Stadien der Handlung sich übersichtlich gliedern, Gedichte, deren jedes zugleich seinen bestimmten, von fremden Elementen nicht gestörten Stimmungsgehalt mit sich führt — dann war auch dem Musiker das Hindrängen auf ein einziges Ziel, auf einen Mittelpunkt ermöglicht, und diese Gunst, die ihm die Dichtung gewährte, hat Loewe vortrefflich genutzt. Wenn man sich vorstellt, der Stoff des Freiligrath'schen »Mohrenfürsten« sei in einem einzigen Gedicht behandelt worden (was an und für sich nicht undenkbar gewesen wäre), so fühlt man auch, wie schwer es dem Componisten hätte werden müssen, diese in Stimmung und Situation weit auseinander liegenden Bilder zu einem musikalischen Ganzen zu verweben. Nun theilt sich aber das Gedicht in drei, deren jedes rund für sich besteht wie es ein jedes Glied einer Trilogie thut, und sofort verändert und vereinfacht sich die künstlerische Aufgabe zum unendlichen Vortheil für die künstlerische Wirkung. Jetzt bringt uns das erste Gedicht den Auszug des Negerfürsten zur Schlacht, ein wildes kriegerisches Bild in den grellsten und phantastischesten Farben, rasselnde Trommeln, klirrende Becken, den schmetternden Klang der Elephantentuba, grossartig Alles und im grössten Stil gehalten, und auch durch den Mittelsatz in A-dur, die Anrede des schwarzen Herrschers an seine Geliebte, um seine Einheitlichkeit nicht betrogen. Weich und schwül contrastirt mit diesem von fanatischer Kriegs- und Siegeslust erfüllten Satze der zweite mit dem vor dem Zelt des Heim-

kehrenden harrenden Weibe, während der dritte das Chaos eines Jahrmarkts-
trubels unvergleichlich malt: wir sehen den armen Besiegten vor der beflitterten
Bude stehen, wir hören seine sehnsüchtigen Seufzer, die uns neben den frechen
Klängen der Circusmusik doppelt ins Herz schneiden, bis die Trommel, die
den Pöbel zum Schauen laden soll, unter seinen Händen zerspringt! Ein
jedes Bild in sich geschlossen, alle musikalischen Motive ausgereift! Der
ganze Cyklus ein Juwel der Balladencomposition und eins der glänzendsten
Zeugnisse für Loewes Genie.

Wenn Anastasius Grüns drei Gedichte vom »Letzten Ritter« (»Max in
Augsburg«, »Max und Dürer«, und der »Abschied«) hinter dem »Mohrenfürsten« in der Loeweschen Behandlung zurückstehen, so trägt der Poet
daran die Hauptschuld. Denn einmal bilden sie keinen eigentlichen Cyklus,
d. h. sie schliessen sich nicht zum Ring einer Handlung zusammen. Es sind
selbsständige Bilder, die in keiner inneren und äusseren Verbindung, in
keinem Verhältniss von Ursache und Wirkung zu einander stehen; sie geben
dem Componisten nur spärliche musikalische Anregungen und sie leiden,
wie fast alle Grünschen Gedichte, an dem Allzuviel paralleler Metaphern und
Vergleiche. Wenn Kaiser Maximilian zuerst mit einem seltnen Jäger verglichen
wird, in dessen Garn- und Rosshaarschlingen sich die Vögel (die Augsburger
Mädchen) fingen; dann mit einem seltnen Gärtner, der Schweif und Mähnen
seines Rosses mit Blumen zum Rosenturnier geschmückt; wenn Kunz, sein
Narr, ihn endlich einen seltnen Kaiser nennt, um seines seltenen Prachtgewandes,
also wiederum um der Dirnen willen, die sich ihm an Bügel und Zaum
klammern, dann darf sich Niemand wundern, wenn der Musiker sich gleichfalls auf einen einzigen Gedanken versteift, wie Loewe es gethan. Denn
zum Ueberdruss oft schlägt
er die paar Töne an:
Mit dem zweiten Gedicht
steht es nicht viel besser. Zwar das tolle Gewimmel in den Gassen von
Augsburg (»Fürst, Trossbub, Ritter, Gauner«) hat Loewe fast so frisch und
keck wie das Messtreiben im »Mohrenfürsten« wiedergegeben. Aber das
Entstehen eines Gemäldes, und wäre es von Meister Dürers Hand, ist
gewiss kein musikalischer Vorwurf, und rathloser als vor dieser Leinwand
hat sich Loewes sonst nie verlegner Schöpfergeist niemals gezeigt. Denn
was will ein Motiv wie
das folgende besagen?
Und wird es viel werth-
voller in der nach-
folgenden Umbildung?
Und doch müssen wir
während der langen Procedur mit dieser magren Kost, bald in Dur, bald in Moll,
vorlieb nehmen, und dem aus seiner eignen Sphäre verschlagenen
Componisten, der nicht nur dem Sinn der Worte, sondern auch dem einzelnen
Wort und seinem Accent sonst so redlich giebt, was ihm gebührt, wider-
fahren dabei falsche Betonungen, wie die obigen »Leinwand« und die noch
ärgere, die den Ton für den »Menschen« auf die zweite Silbe legt. Auch um
den »Abschied« steht es nicht viel besser. Gute Einzelheiten findet man
auch in ihm wie in den beiden ersten Stücken überall — das versteht sich
bei Loewe von selbst; aber das unmusikalische Wort hat ihm die Töne ge-

frieren lassen, und die flaue Stimmung hat ihn auch da gelähmt, wo das Gedicht ihm halbwegs entgegen kam: mit der erwähnten einzigen Ausnahme, der Schilderung des Volkstreibens während des Augsburger Reichstags.

Das Beispiel mag den echten grossen cyklischen Balladen Loewes, denen also, die den Namen als Gedichte und als Musikwerke verdienen, zur Folie taugen. Hebt sich schon der »Mohrenfürst« hoch über den »Letzten Ritter« hinaus, dann zeigt ein andrer grösserer Cyklus den Componisten vollends auf seiner höchsten Höhe. Das ist die gewaltige Erzählung von »Gregor auf dem Stein«, eine der genialsten Offenbarungen im Reviere der Gesangsschöpfungen überhaupt. Niemals hat Loewe auf so engem Raum den Nachweis erbringen können, welch' ein meisterlicher musikalischer Erzähler er ist, welch' hinreissende dramatische Kraft ihm eigen, und nie wieder hat er sich in gleich machtvoller und überzeugender Weise auch in der Liedform und der Fülle und Tiefe des lyrischen Ausdruckes bewährt wie hier

Einen alten aus dem Orient stammenden Legendenstoff, den schon Hartmann von Aue auf dem Umweg über Frankreich übernommen und in seinem Epos »Gregorius der guote sündaere« in seiner schlichten und innigen Art behandelt hatte, hat der neuere Dichter (Franz Kugler) in seiner Ballade (oder »Legende«) so knapp wie möglich zusammengefasst. Was sich in der mittelalterlichen Erzählung ruhig vor uns ausbreiten konnte, die kindliche Liebe der königlichen Zwillingsgeschwister, die Umwandlung ihrer reinen Zärtlichkeit in das leidenschaftlichste sinnliche Begehren, ihr Fall, des Bruders Auszug, die Geburt des im Sündenbett erzeugten Kindes, Gregors Jugend, die Gewinnung seiner eignen Mutter, der Königin, zur Braut, die Entdeckung des furchtbaren Geheimnisses, seine Busse auf dem Felsen im Meer, seine Erwählung zum Papst und die Entsühnung des unglücklichen Weibes — dies Alles, so ungewöhnlich und grauenvoll, drängt sich in der Ballade und stösst fast hart auf einander, ja stellt sich uns vor der Schrecknisse das Haar sträubt. Und doch hat der Dichter in das Wirrsal Ordnung zu bringen gewusst. Er hat den Stoff fünftheilig gegliedert, genau wie ein Drama, so dass man die alten Schulbegriffe von der Exposition, der Krisis, der Katastrophe auf seinen Bau anwenden könnte, und diesen fünf »Akten« (wie man sagen möchte) ist nun Loewe wie ein grosser Dramatiker gefolgt, Herr seines Gegenstandes auch in der Entfesselung der unheimlichsten Dämonen, im Ausdruck des tragischen Entsetzens dicht an die Grenze des Erträglichen gelangend, und doch nicht nur »erträglich«, sondern unser tiefstes Mark erschütternd durch die erstaunliche Kunst, mit der er dem Grauen seine wundervollen Töne geliehen.

Wie das erste der fünf Gedichte, die sich zum „Gregor auf dem Stein" zusammenschliessen, lediglich äusserliche Dinge sachlich berichtet, so verschwendet auch der Componist an seinen Inhalt keine überflüssige Empfindung, keine vielsagende Melodik. Herolde sprengen im Lande umher, um den Willen der Königin zu verkünden, die dem Sieger über die Heiden, die das Land zehn Jahre lang bedrängen, Thron und Hand verheisst, und mit den Rufen ihrer Trompeten beginnt und schliesst die Composition. Nur ganz leise mischt sich in den äusseren Bericht, der die Worte der Königin in unmittelbarer Rede wiedergiebt, bei der Erwähnung des verheerten Landes und des königlichen Bruders, der den Purpur abgelegt und den Pilgerstab zur Wallfahrt nach dem heiligen Grabe ergriffen, der Ausdruck der Sorge und des Kummers, doch nicht stärker, als es der officielle Charakter des Vorgangs gestattet.

Ein glänzenderes Bild enthüllt uns der Beginn des zweiten Theils. Siegesjubel, Saitenspiel und festlicher Reigen im kerzenhellen Schlosse, während der junge Gregor, der den Feind bezwungen, mit der Königin durch den mondbeleuchteten Garten wandelt. Die öfter (viermal) wiederholte Weise dieses verliebten „Wandelns auf der Flur" bringt uns bei jedem erneuten Hören die Stimmung der weichen, duftgesättigten Sommernacht immer fühlbarer nahe: eine echt Loewe'sche Perle, eine jener Glücksgaben, die aus dem Schooss der Götter fallen, ein Einfall, der, um zu wirken, keiner kunstvollen contrapunktischen Behandlung mehr bedarf.

Da schreckt uns aus diesem seligen Frieden plötzlich ein seltsamer Klang, geisterhaft gedämpft (una corda), der Verkünder eines Spuks, der, wir wissen nicht recht, ob als etwas Wirkliches oder nur in Gregors Phantasie das Herz des Helden ängstigt. Der am Jordan gestorbene Bruder der Königin, Gregors eigener Vater, kündigt sich ihm warnend damit an.

Aber die von dem neuen Glück trunkene Königin hört nur die Nachtigall im Lindenwall singen und fühlt statt der kalten Schattens nur die Nähe des jungen Geliebten. Der Bund der Herzen ist geschlossen — sie drängt zu seiner Besiegelung durch die Hand des Priesters.

Im dritten Gedicht, das die Enthüllung bringt, thront Gregor der rasch gewonnenen Gemahlin zur Seite. Der düstre C-Moll-Accord im ersten Tacte bereitet uns, im forte einsetzend, sogleich auf ein nahendes Unheil vor. In scharfem Contrast hebt sich von dem Bilde der ahnungslosen Frau Gregors bleiches Bild.

Es frisst ihm etwas am Herzen, das sich in dem immer wiederkehrenden nagenden Motiv verräth: bis Gregor endlich (in dem am Wenigsten wählerischen Motiv der ganzen Composition) ausbricht:

Die Königin möchte in sein Geheimniss dringen, sie fragt und fragt,

Die wenigen Takte, die diesem ersten Sturm in dem Claviernachspiel folgen und die nach jeder neuen Schreckenskunde wiederkehren, lassen uns weit tiefer noch in sein aufgewühltes zerrissenes Innere blicken:

So naht sich allmählich, in immer rascheren Sprüngen, die letzte Gräuelkunde. Auf Gregors dumpf und halb vor sich hin gesprochene Worte von seiner ersten Kindheit erfasst die Königin die erste Ahnung. Der Athem versagt ihr bei den Sätzen „Weh, Knabe, und kenn' ich dein enges Gemach, doch künde nun du deiner Eltern Schmach". Und jetzt erreicht mit der Spannung der unseligen Mutter auch die Composition ihren tragischen und dramatischen Gipfel. Als schriee es eine fremde Macht aus ihm heraus, gegen die sein eigener Wille sich vergebens sträubt, beginnt Gregor im Fortissimo:

Der Zwang wird dringender; aus dem b wird ein h: Und wieder weigert sich die Lippe weiter zu reden: Doch schärfer tönt es aus ihm, wiederum um einen halben Ton gesteigert: Fluch über sich und den bis das Letzte gesagt ist und Sohn, den sie geboren, zu die Arme nach einem wilden Boden stürzt, während Gregor das Schloss schweigend verlässt. Eine Scene von ungeheurer Kraft und fast — im besten Sinne — theatralischer Anschaulichkeit, die sich neben dem Grossartigsten behauptet, was die Musik auf dramatischem Wege hervorgebracht hat.

Dieser mächtige Satz lässt nach der Seite der leidenschaftlichen Erregung, der dramatischen Spannung und des tragischen Entsetzens eine Steigerung nicht mehr zu. Gleichwohl überbietet ihn Loewe noch an innerer Kraft und Stärke der Empfindung in dem folgenden vierten Theil, wenn auch mit anderen Mitteln. Es ist Gregors Gebet auf dem umbrandeten Felsen, dem »Klippeneiland, das in's Meer ragt«, und ein echtes und rechtes Lied von höchster Vollendung. Mit seiner gewohnten Praxis, die zumeist kurzen und knappen Motive, die ihm das Balladenwort eingegeben, an einander zu reihen, oft nur in loser Verbindung und ohne sie sonderlich zu verarbeiten, reichte er hier nicht aus, und sein malerisches Vermögen, das er in der eigentlichen Ballade reichlich bethätigen konnte und musste, fand hier gleichfalls kein Feld. Zwar inspirirte ihn die Vorstellung des Anpralls der Wellen an den Stein, auf dem Gregor haust, zu der charakteristischen Begleitfigur. Aber diese Figur, die der Begleitung in vielfachen harmonischen Veränderungen getreu bleibt, ist doch, obwohl sie

zweifellos aus dem Wort und der Situation erwachsen ist, keine eigentliche Tonmalerei, wie z. B. das Geschrill der Möwe und das Rollen der Brandung in einer minderwerthigen Composition, Lassens »Gefangenem Admiral«. Solche, nicht immer vermeidbaren und zur Erreichung komischer Wirkungen oft vortrefflich geeigneten Malereien verschmähte gelegentlich selbst ein so grosser Meister wie Schubert nicht: das Krähen der Hähne im »Frühlingstraum«. Aber gerade Schubert weist auch eine Unzahl herrlichster Beispiele dafür auf, wie der Hintergrund eines Liedes, die Sphäre, in der es spielt, oder eine scharf in ihm bezeichnete Situation sich in Tonfiguren umsetzen, die das ganze Liedgebäude tragen, charakteristisch und doch fern von jeder kleinlichen Détailmalerei. Dahin gehört die hüpfende Begleitfigur des Irrlichts, auf der sich die Composition der »Täuschung« auf- und niederwiegt, das Bellen der Hunde und das Rasseln der Ketten in dem köstlichen Liede »Im Dorfe«, das unaufhörlich angeschlagene deutende Achtel im »Wegweiser«, und zu dieser vornehmeren Gattung gehört auch das Motiv, das Gregors Gebet bei Loewe begleitet. Die Liedweise aber, die sich auf ihm errichtet, ist so rein der tiefsten Empfindung eines zerknirschten, nach dem göttlichen Heil ringenden Herzens entquollen, so frei von balladenhaften, schildernden, malenden oder dramatischen Zuthaten, und so organisch entwickelt sie sich vor uns, nicht aus einzelnen gleichartigen Stücken mosaikartig zusammengesetzt, zu einem harmonischen Tonkörper, in dem alle Glieder zusammenstimmen und sich gegenseitig stützen und tragen, dass wir das Gefühl einer vollkommenen inneren und äusseren Einheit gewinnen. Niemanden würde es befremdet haben, wenn sich diese Composition etwa in Schubert's Nachlass gefunden hätte. Sie ist des unsterblichen Meisters vollkommen würdig.

Der fünfte und letzte Theil der grossen Ballade, der in pomphaften Klängen Gregors Papstweihe verkündet, die gekrönte Pilgerin über die Alpen nach Rom geleitet und ihr und ihrem Sohne Heil und Frieden bringt, wäre vielleicht durch einen bedeutenden musikalischen Abschluss, ein Nachspiel, das die angeschlagenen Themata verarbeitet und zu den Dimensionen ausgewachsen hätte, wie wir mit der ewigen Stadt und Sanct Peter verbinden, einer noch grösseren Wirkung zuzuführen gewesen. An und für sich fehlt es weder der Schilderung des festlichen Gewühls an Pracht und Glanz, der Entsühnung der Königin an Innigkeit, noch dem ergreifenden Beichtgesang, dessen Weise Loewe für den Schluss verwandt hat, an dem richtigen katholischen Colorit. Aber die einzelnen Theile wollen sich hier zu einem Ganzen nicht gut verbinden, und für die erhabenen Eindrücke, die die Ballade in uns geweckt, will uns der Ausgang fast zu traulich und genrehaft erscheinen. Hier hätte sich der Componist noch einmal zu einem — rein instrumentalen — Lobgesang auf die göttliche Fügung, die selbst aus den Schluchten der Hölle noch einen Ausweg gefunden, aufraffen dürfen, um uns mit einem freien weiten Ausblick zu entlassen, einem weiteren, als ihn uns der Beichtstuhl und das letzte rührende Zusammentreffen zwischen Mutter und Sohn gewährt. Was aber bedeutet dieser Wunsch einem Werke gegenüber, das schon so übergross ist?

Die übrigen Balladen-Cyklen Loewes fordern zu einer eingehenderen Betrachtung nicht heraus. »Agnete« (op. 134, eine viertheilige Dichtung von Frau von Plönnies) verträgt den Vergleich mit dem »Mohrenfürsten« und

# TITELBILDER
## ERSTER AUSGABEN LOEWE'SCHER COMPOSITIONEN.

»Graf Eberstein.« Aus opus 9.

»Wechsel.« (Gedicht von Goethe). Ohne Opus-Zahl.

»Der junge Herr und das Mädchen.« op. 5c. No. 2.

»Mazeppa.« opus 27.

dem »Gregor auf dem Stein« nicht, und die mit dem »Pilgrim vor St. Just« unter dem Namen »Kaiser Karl V.« vereinigten Compositionen »Das Wiegenfest zu Gent« (von Anastasius Grün), »Kaiser Karl V. in Wittenberg« (von Hohlfeld) und »Die Leiche zu St. Just« (von Grün) — sie bilden das op. 99 — sind so wenig ein eigentlicher »Cyklus« wie »Der letzte Ritter«. Giesebrechts treffliche »Esther« aber — ein Liederkreis in Balladenform — (op. 52) entbehrt wieder, ebenso wie der noch liedartigere Cyklus »Der Bergmann« (op. 39), des ausgesprochenen Balladencharakters. So würden wir heutzutage auch die Trinius'schen »Feuersgedanken« (eine »Allegorie«, op. 70), in formaler Beziehung eine der werthvollsten Schöpfungen Loewes, von organischem melodischem Wuchs und jener seltsam bebenden, unheimlichen Unruhe, für deren Darstellung Loewe einen unerschöpflichen Tonreichthum zur Verfügung hatte, keine Ballade nennen, obschon ihr das Merkmal des rein lyrischen Liedes fehlt: das freie Hervorquellen aus dem eignen Innern des Dichters. Kaum auch den Pfizer'schen »Junggesellen«, der im 6. Bande des Schlesinger'schen Loewe-Albums erschienen ist, die Freiligrath'sche »Meerfahrt«, den »Gefangenen Admiral«, dessen Composition durch Lassen bekannter geworden ist, den Uhland'schen »Abschied«, ganz gewiss aber nicht »In der Ferne« und die vielgesungene »Uhr«, die zwar weder ihr Dichter (Seidl) noch auch Loewe selbst so bezeichnet haben, die aber neuerdings unter den »Balladen« mitläuft. Denn wenn die vorher erwähnten Gedichte immer doch ihren Weg durch die Seele eines Dritten nehmen, die eines »Junggesellen«, der einen seltsamen Traum erzählt, oder des Seehelden, der sich in dem engen Thurmverliess vor Sehnsucht nach dem Meere verzehrt, wenn die Gedichte somit wenigstens einen der für die Ballade ausschlaggebenden Züge an sich tragen, so ist die »Uhr« (ganz so wie das schwache opus »In die Ferne«) nichts weiter als eine unmittelbare lyrische Aeusserung der Seele des Poeten und — in der Composition — des Musikers. Da gab es nichts zu färben, nichts zu charakterisiren. Da galt es nur eine einfache Empfindung schlicht und innig zu äussern. Das hat Loewe gethan, und er hat sich mit dem Liede Vielen in's Herz gesungen. Dennoch hat ihn das philiströs-rührselige Wesen des Gedichts, das einen trivialen Gedanken bis zu der sentimentalen Pointe breit tritt, angesteckt. Auch die Structur des Liedes, sein musikalischer Bau ist lose und gewöhnlich. Und wenn uns die Composition dennoch festhält, so verdankt sie das nur dem warmen Gemüth ihres Schöpfers, das auch aus dem schwächlichen Motiv und aus allen Fugen dieses lockeren Uhrwerks erquicklich hervorschimmert.

Die anderen aber, die echten Balladen Loewes, die natürlich nicht sammt und sonders namentlich aufgeführt sind, werden in irgend einem Zuge den Geist und die Arbeitsweise ihres Schöpfers nicht verleugnen. Das dramatische und deklamatorische Element überwiegt in einigen so stark, dass die Musik darüber zu kurz kommt (»Die drei Lieder«, »Landgraf Ludwig«); in anderen schlägt sich die Stimmung in einem genial erfundenen Motiv so ergreifend nieder, dass man darüber das Preisgeben der Form bis auf den letzten Rest völlig vergisst (»Die Glocken zu Speier«). »Componirt« Loewe jedoch im eigentlichen Sinne, giebt er also seinen Balladenschöpfungen eine architektonische Form, dann gewinnt er diese in zahlreichen Fällen durch eine überwiegend strophische Behandlung des Gedichtes mit äusserster Ausnutzung eines oder zweier charakteristisch variirter Motive oder Themata, wofür ausser den oben citirten Balladen noch »Graf Eberstein«, der graziöse »Edelfalk«, »Der Wirthin Töchterlein«, der »Weichdorn« (vielleicht die schönste und echteste der zahlreichen »Legenden«, zu denen den Meister sein frommer Sinn und seine Phantasie gleich stark zogen), die »Walpurgisnacht«, der köstlich-groteske »Todtentanz«, der »Zauberlehrling«, der in seiner Komik so drastische, aber mit seinem einzigen Hauptthema trotz aller geistreichen und malerischen Détails doch zu breit gerathene »Christophorus«, der aus gleichem Grunde in seiner Tragik zu einförmige »Sturm von Alhama«, vor Allem aber das fast verschollene »Switesmädchen« (op. 51), in dem wiederum ein einziges Thema geradezu bewunderungswürdig ausgenutzt und umgestaltet erscheint, »Das nussbraune Mädchen«, »Der getreue Eckart«, »Der späte Gast«, »Die wandelnde Glocke« und leider auch »Des fremden Kindes heil'ger Christ«, eine musikalisch nur dürftige und auch im seelischen Ausdruck für mein Gefühl unbegreiflich schwache und conventionelle Composition, die Beispiele bieten mögen. Aus den weitschichtiger angelegten heben sich das gross stilisirte, würdige, wenn auch musikalisch nicht eben originelle »Nebo«, der bedeutende »Paria«, der »Bettler« (dessen strophischer mittlerer Haupttheil mit seinem schwachen Thema allerdings ermüdend wirkt), bedeutend heraus, nicht wenig auch, von den Balladen dieser Gruppe am Reichsten ausgestattet, »Des Goldschmieds Töchterlein« mit seinen lebensvollen, volksthümlich-romantischen Hauptweisen für den glänzenden Rittersmann und das liebliche Bürgerkind, das heimlich den Schmuck anlegt und sein Liebesgeständniss leise vor sich hinhaucht, melodisch und vielsagend auch in den Mittelgliedern und dem feurigen Schluss. Zu den Balladen, deren Reiz im malerischen Détail liegt, zählen das phantastische, von Musik strotzende »Schwalbenmärchen« mit seinem komischen »Krokodil im Nile« und die drolligen »Heinzelmännchen«. Und ganz aus einem Guss erwächst vor unseren Augen die »Nächtliche Heerschau« zu einem, zwar mehr nach der charakteristischen als der musikalischen Seite fesselnden Kunstgebilde. Aehnlichen Schlages sind die grossartige »Spreenorne«, »Der Mutter Geist«, die dramatisch packende »Lauer«, und im kleineren Genre, melodischer, »Urgrossvaters Gesellschaft«, während »Herr Oluf« und »Die verfallene Mühle« nach beiden Richtungen bewundernswerthe und viel bewunderte Meisterstücke sind. Zwischen ihrem Entstehen liegen lange Jahre: »Herr Oluf« steht als zweite Nummer in Loewes op. 2, »Die verfallene Mühle« bildet sein op. 109. In beiden aber regt sich eine ungehemmte Schöpferkraft auf ihrem eigensten Gebiete frei und im sicheren Gebrauch ihrer eigensten Mittel. Nur dass »Herr Oluf« sich den Todtenmantel in der zweiten Hälfte aus kleinen Stückchen zusammensetzt, die gleichwohl wunderbar zusammen taugen (das Motiv der wartenden Mutter mit ihrer bekümmerten Frage, Olufs todestraurige Antwort, der im frühen Morgenschein daherziehende mit erstaunlicher Plasticität skizzirte Hochzeitszug, in seiner Mitte die jugendlich-naive Braut), während der erste Theil, Olufs Ritt und die Elfenweise, nicht nur in der Stimmung, sondern auch in der Form engverwachsen, zu den genialsten Treffern des Meisters gehört. So steigen auch die beiden Themata der »Verfallenen Mühle« nicht in Stücken, sondern jedes als ein Ganzes, als Organismen vor uns auf, deren einzelne Glieder sich gegenseitig bedingen und einander das Gleichgewicht halten. Das ganze Allegro mit seinen 132 Takten, durch die es wie ein Windzug durch falbes

Laub, wie eine Klage um die verlorene Jugend weht, ist in einem Augenblick wie die Pallas aus dem Haupte des göttlichen Vaters vollendet entsprungen, »ein Lichtgedanke«, und so ist es auch die Melodie des sonnigen Traumbildes. Keine Salonweise, gewiss, nicht so vornehm in ihrer Art wie die Weise des alten Grafen, der schweigend und allein durch das Walddickicht reitet. Aber wie frisch und herzhaft klappern die Mühlräder, wie gesund und verjüngend muthet uns das ganze Treiben an; der Müller, die Knappen, das rothwangige blonde Kind, das dem träumenden Grafen den goldigen Genesungstrunk credenzt, der dann, zu unserem eigenen Schrecken, in Luft zerrinnt. Es ist der gesunde Hauch des Volksthümlichen, den diese Melodik athmet, und nach dem wir zurückverlangen, wenn das Bild verschwunden ist und die erste müde hoffnungslose Weise wieder anhebt und die Composition beschliesst. Die beiden Theile ergänzen sich wie Abend und Morgen, und wie nach dem Bibelwort aus beiden »der erste Tag« ward, so haben sich hier die Gegensätze zu einem vollkommenen Kunstwerk verbunden.

Eugen Gura.
(Nach einer Photographie aus dem Atelier von Johannes Hülsen in Berlin.)

So viel zur Kennzeichnung der Loewe'schen Balladen. Wie sie gesungen sein wollen, darüber hat Marx ein feines, treffendes Wort gesprochen. »Möchten doch alle Sänger, welche diese Compositionen vorzutragen unternehmen, sich entschliessen können, jedem Anspruch, ihre Stimme, ihre Manier, wohl gar ihre Fertigkeit, kurz, ihre Persönlichkeit geltend zu machen, zu entsagen und sich ganz unter den Einfluss des Componisten zu begeben. Möchten aber auch Alle bedenken, dass die Noten ewig nur todte Zeichen sind, und dass es des Sängers Sache ist, sie zu beleben, indem er durch Gefühl und Ueberlegung zu erfassen sucht, was der Componist gewollt hat, und was er durch diese Zeichen nie vollkommen ausdrücken kann.« Gewiss, so will der Meister wiedergegeben sein, aber nur die gleichgestimmte Persönlichkeit hebt den Schatz seiner Werke ganz, indem sie sich ihm so schrankenlos hingiebt, wie Loewe sich dem Dichterwort überantwortete. Die feinste Gesangstechnik wiegt bei dem Vortrag dieser Werke nichts, wenn die Seele des Sängers ihren Stimmungsgehalt nicht mit allen Poren aufgesogen und dem Wort nicht zum Mindesten so viel wie dem Ton zu geben vermag. Zum Wenigsten die Hälfte der Loewe'schen Balladen rechnet auf den Deklamator stärker noch als auf den Sänger, und wer die Kunst versteht, aus dem Wort und dem Ton ein neues innig verschmolzenes Ganze zu bilden, der rettet auch die musikalisch schwächeren Compositionen (wohin ich z. B. den »Seltenen Beter« rechne), ganz so wie ein grosser Schauspieler einer theatralischen Figur seinen lebendigen Odem einbläst. So muss Loewe selber gesungen haben. Aber wo lebt die congeniale Sängernatur heute, da sich der

Anleitung durch den Meister Niemand mehr erfreuen kann? Von den vielen Loewesängern, die Runze in seiner 1888 erschienenen Aufsatzsammlung (man könnte sie auch eine Hymnensammlung nennen), »Loewe redivivus« aufzählt und feiert, habe ich die meisten auch, und ausser diesen noch viele andere gehört: zwar Fricke und Betz nicht, die ich aus alten und neuen Zeiten von der Berliner Oper her gründlich, nicht aber aus dem Concertsaal kenne, wohl aber Senfft von Pilsach, Henschel, Krolop, Waldner, Perron, Bulss, Friedrichs und Andere. Vorzügliche Künstler allesammt, und doch Keiner von jener unbedingten Wandelbarkeit, die gerade Loewe von dem Sänger verlangt. Nur Einer ist für mich dem Ideal, allen Formen der Proteusnatur des Componisten gerecht zu werden, so nahe wie möglich gekommen: der ausgezeichnete Eugen Gura, von dem man den »Erlkönig«, den »Archibald«, den „Nöck« und das »Hochzeitslied« gehört haben muss. Grauen und Herzeleid, ein phantastisches Schwelgen in der Fluth der Töne und der drolligste Humor — Alles ward da Ereigniss. Ein Sangeskünstler ersten Ranges hat sein Können hier, ohne Prätension, nur in den Dienst des Kunstwerks gestellt und den todten Meister auf seiner Seele wie auf einer Laute spielen lassen.

## HEIMATH UND FREMDE.

Es lässt sich denken, dass Loewe mit seiner Uebersiedelung nach Stettin den Verlust der wissenschaftlichen und künstlerischen Atmosphäre, die ihn in Halle umgeben hatte, oft schwer empfand und dass ihm in der neuen Heimath so leicht Niemand ersetzen konnte, was er dort besessen. Aber das Glück seiner jungen Ehe und sein rastloses Arbeiten trugen ihn über die geistigen Entbehrungen hinweg, und bald gesellten sich die bedeutendsten Männer, die in Stettin lebten, freundschaftlich zu ihm. Justus Grassmann zunächst ein verdienter Schulmann, der Verfasser eines von der Fachwissenschaft als grundlegend bezeichneten Werkes »Zur physischen

Ansicht von Stettin mit der Jacobikirche (nach Vollendung des Turmes).
(Nach einer Originalaufnahme von Hofphotograph A. Matthaey, Stettin).

Krystallonomie und geometrischen Combinationslehre«, und sein berühmter Sohn Hermann, der bei Loewes Ankunft in Stettin noch ein Knabe (er war dort am 15. April 1809 geboren), später sein Freund, am Gymnasium sein Kollege, ein ausgezeichneter Sprachforscher und Sanskritist und einer der hervorragendsten Mathematiker unserer Zeit wurde. Selber musikalisch, konnten die beiden Grassmann den Componisten nicht nur durch ihren Geschmack und ihr künstlerisches Urtheil, sondern auch bei seinen wissenschaftlichen Untersuchungen über die Schwingungen der Töne fördern. Und als die ersten klaren Winternächte kamen, fand Loewe durch den älteren

Grassmann überdies noch Gelegenheit, einer geheimen phantastischen Neigung seiner Kinderjahre tiefer nachzugehen: seiner Liebe zu den Sternen. Er erinnerte sich der stillen Nächte in Löbejün, in denen er mit seinem Vater das Obst hüten musste, der ersten Kunde, dass es Leute gebe, die ein jedes Himmelslicht bei Namen nennen und seinen Lauf zu berechnen vermöchten, und mit Feuereifer trieb er nun unter Justus Grassmanns Leitung auf der Sternwarte des Stettiner Gymnasiums Astronomie, nicht nur zu flüchtigem, nein zu dauerndem Besitz. Da fand das Herz des gläubigen Theologen, die Phantasie des Künstlers Nahrung vollauf — aber nur dieser eigenartige, ungewöhnlich aufnahmefähige und thätige Mensch konnte es fertig bringen, zu Allem, was er schon bewältigte, auch aus dieser Schwärmerei noch ein ernstes Studium zu machen. — Noch bei Weitem förderlicher und anregender gestaltete sich für Loewe jedoch der Verkehr mit Ludwig Giesebrecht, dem Dichter und Historiker (er war am 5. Juni 1792 zu Mirow geboren und starb am 18. März 1873 zu Jeseritz). Eine scharf umrissene, reich und tief angelegte Persönlichkeit, wurde er für Loewes Schaffen von grösster Bedeutung und in gewissem Sinne verhängnissvoll. Das durchdringende Wissen des Geschichtsforschers, die Grillen des Philologen, seine religiösen und mystischen Neigungen verbanden sich zu merkwürdiger, bald fesselnder, bald wunderlicher und erkältender Wirkung mit seinen unleugbar grossen poetischen Gaben. Der Form in hohem Grade mächtig, gedankenreich, reinen Sinnes und von edlem Schwunge, verfiel er doch, um nur ja nicht zu wortreich zu werden, bei dem Zusammendrängen seiner Ideen nicht selten in Manier und Dunkelheit, die er bei Anderen so heiss hasste und bitter bekämpfte. Und seine Gelehrsamkeit steigerte diesen Fehler noch dadurch, dass er bei der breiten Masse des Publikums Dinge als bekannt voraussetzte, die ihm geläufig waren oder schienen, denn seine dichterische Phantasie ging nicht selten mit dem Historiker und Sprachforscher durch. Noch jetzt frage ich mich vergebens, warum die Griechen in den »Aposteln von Philippi«, die er für Loewe als Oratorientext schrieb, ein »Gephyraerschwert« tragen müssen, als wäre das etwas Allbekanntes, etwa wie eine Damascenerklinge oder eine Kuchenreuter-Pistole. Und doch lassen mich alle Philologen und Encyklopädien im Stich, wenn ich wissen will, ob denn die Bewohner des alten Gephyra (Tanagra) einen besonderen Ruf als Schwertfeger genossen haben.

Ludwig Giesebrecht.

Das aber nebenher. Bedenklicher war es und für Loewe gefährlicher, dass der begabte, hochgestimmte und von seinen Schülern so innig verehrte Mann sich, zum Theil im völligen Einklang mit Loewes eigenen Wünschen und Gedanken, das Ideal einer für die Composition bestimmten Dichtung konstruirt hatte, die zwischen dem Concertgesang und den Formen des Theaters die Mitte hielt und eben darum so recht nirgends hintaugte, weder in den Musiksaal noch auf die Bühne. Mit ein paar Worten ist die Gattung freilich nicht abzuthun, und Giesebrechts Arbeiten auf diesem Gebiet übertreffen an dichterischen Werth die seiner Konkurrenten immer noch erheblich. Aber wäre Giesebrechts Autorität nicht so gewichtig gewesen — wer weiss, ob Loewe nicht andere Bahnen auf dem gleichen Gebiet erfolgreicher beschritten hätte. Und was für Umstände auch sonst noch mitgewirkt haben mögen, um Loewe bei der von ihm erwählten Mischgattung festzuhalten — die besondere Untersuchung, die seinen Oratorien und Opern gelten soll, wird darthun, dass Giesebrechts Einfluss von den Schicksalen der Oratorien seines berühmten Freundes nicht zu trennen ist.

Noch in einer anderen Neigung trafen die beiden bedeutenden Männer zusammen: in ihrer ehrlichen Liebe zum preussischen Königshause. Loewe, den Friedrich Wilhelm IV. schon als Kronprinz unter seinen besonderen Schutz genommen, hat den Hohenzollern so manch begeisterten Sang gewidmet, Giesebrecht aber hat seine eigenen dichterischen Worte im Jahre 1848 in die That umzusetzen versucht, als er im Frankfurter Parlament für Deutschlands Einigung unter der Kaiserkrone Preussens sprach und stritt, die beiden letzten Verse der Strophe:

»Schenkt mir ein den duft'gen, vollern
Flammenglühenden Becher mir,
Hohenzollern, Hohenzollern,
Unser Du, die Deinen wir!«

Auch die freundschaftliche Wärme, der künstlerische Sinn und die Geistes- und Herzensbildung einer bedeutenden Frau wurde für Loewe und die Seinen eine reiche Quelle der Erquickung und Anregung in dem geschäftlichen Leben Stettins. Es war die verwittwete Geheimräthin Tilebein, die unweit der Stadt in Züllchow ein allzeit offenes, gastfreies Haus führte. Loewes Schwiegervater, der Stadtrath von Jacob, hatte ihn dort eingeführt, und die erste Begegnung der Beiden hätte leicht auch die letzte werden können, wenn nicht der feine duldsame Sinn der Dame einer gewöhnlichen Empfindlichkeit fähig gewesen wäre. Denn etwas von oben herab hatte Loewe ihr die Bitte um den Vortrag einer seiner eigenen Balladen, nachdem er kurz zuvor Kreutzers Lied »So hab ich denn die Stadt verlassen« gesungen, mit den kühlen und doch wohl allzu wichtigen Worten abgeschlagen: »Wenn ich das Lied gesungen habe, singe ich kein zweites.« In der Folge wurde die Tilebein die treueste Freundin seines Hauses, die dankbarste und urtheilsfähigste Hörerin seiner Compositionen (Loewe nannte sich scherzhaft den Züllchowschen Hofkapellmeister), und dass es sich gelohnt haben mag, den Verkehr mit ihr festzuhalten, geht aus der anziehenden Schilderung hervor, die der Meister in seiner biographischen Skizze von ihr entwirft:

»Ein halbes Jahrhundert war damals, als ich sie zuerst sah, an dem Geist dieser Frau vorübergegangen, die mit ihrer empfänglichen Seele und ihrem klugen ruhigen Blick ein selten klares Urtheil verband. Sie hatte die Glanzzeit Friedrichs des Grossen gesehen, und die französische Revolution hatte sie persönlich berührt, da der Vater nahe daran gewesen war, der Guillotine zum Opfer zu fallen. Später hatte sie, bereits vermählt, die

Schwere Napoleonischer Unterdrückung, das Elend und die Schmach des Vaterlandes und die Lasten jener Kriege getragen, welche die ersten fünfzehn Jahre des Jahrhunderts erfüllt hatten, und das wüste Kriegsleben hatte sie aus nächster Nähe gesehen. Die Erhebung des deutschen Volkes im Jahre 1813 hatte ihre Seele mit Jubel erfüllt, die deutsche Erhebung des Jahres 1848 hatte sie herannahen sehen. Ihrem klaren Blick war das Verständniss für die Nothwendigkeit einer festen Vereinigung der deutschen Stämme dem Auslande gegenüber nicht entgangen. Mit dem wärmsten Interesse folgte sie der Bewegung, die Europa zu erschüttern begonnen hatte, aber sie entzog keinem ihrer Gäste ihre Freundschaft und Liebe, wenn er eine der ihren entgegengesetzte Ansicht vertrat. Sie war mit ihrem aufgeklärten Geiste eine wahrhaft fromme Frau, von dem Wesen des Christenthums tief erfüllt. Es durfte für sie kein Stein an diesem grossartigen Bau verrückt werden. Doch war sie eben so fern von jeder pietistischen Richtung. Auf ihrem Schreibtisch, in der grossen und reichen Bibliothek ihres Hauses, liegt noch heute eine grosse ehrwürdige Bibel, in der sie zu studiren pflegte. Oft hat sie lächelnd gesagt: »Meine Lebensweisheit schöpfe ich aus dem Jesus Sirach«. Ueber alle Zweige der Kunst hatte sie ein treffendes und reiches Urtheil, und Musik und Malerei übte sie als Künstlerin ..... Bis zu dem hohen Alter von

82 Jahren war es ihr vergönnt, in Kunst und Wissenschaft vorwärtsstrebend, sich und ihren Freunden das Leben zu verschönen.« So liess sich denn der Stettiner Aufenthalt für Loewe, wenn er auch den Abstand von Halle oft genug verspürte, im Allgemeinen günstig an. Aber schon nach anderthalb Jahren (1823) nahm ihm der Tod die schöne, blühende Frau von der Seite: Julie Loewe starb, und da der Sohn, den sie ihm geschenkt, sein einziger Sohn, Julian, den Verwandten in Halle zur Erziehung übergeben wurde — nicht zum Heil für das Verhältniss zwischen Vater und Kind, die sich fremd und fremder wurden, bis der begabte, aber nervöse und reizbare Sohn öffentlich gegen den Vater auftrat und, nachdem das letzte Band zerschnitten war, nach Amerika auswanderte, wo er verschollen ist — so blieb der Meister doppelt verwaist in der fremden Stadt zurück. Aber auch das Leid wandelte sich ihm wie jedem echten Künstler zum Lied. Aus dem Schmerz erwuchsen ihm die »Hebraeischen Gesänge« mit der ergreifenden Todtenklage des Herodes um Mariamne und die Composition von Uhlands »Der Wirthin Töchterlein«. Es strömte von Melodien in ihm, und in unablässiger Thätigkeit suchte er sich über seinen Verlust zu trösten. Um dem Druck der gespenstischen Einsamkeit in seinem eben noch so heiter belebten Hause zu entfliehen, zog er mit einem Studienfreunde, Vocke, zusammen, der mit ihm den Text zu seiner Oper »Rudolf« entwarf. Seine amtliche Entsendung nach Berlin zum Studium

der Logier'schen Unterrichtsmethode, »der gleichzeitigen Unterweisung mehrerer Schüler auf verschiedenen Clavieren«, gewährte ihm eine neue Ablenkung aus dem Kreis seiner trüben Gedanken, und mit zwiefacher Herzlichkeit zog ihn die Stettiner Gesellschaft bei seiner Wiederkehr zu sich heran. Völligen Ersatz für das ihm genommene Gut fand er jedoch erst im Besitz der zweiten Gattin (1825), die ihm das Schicksal in einer jungen Musikschülerin, der lieblichen stimmbegabten Auguste Lange zuführte. Sie stammte aus der alten Pommerschen Bauern- und Bernsteinfischerfamilie, deren Ahn Hans Lange Herzog Bug-laff den Zehnten einst vor den Nachstellungen seiner Stiefmutter Sophie verborgen gehalten, und hatte ihre reichen natürlichen Gaben in einer ausgezeichneten Erziehung auf das Schönste entwickeln können. Eine treffliche Malerin, wurde sie in Loewes Schule auch zu einer bedeutenden Sängerin, und bald knüpfte die Kunst auch ihr Herz an das ihres Partners und Lehrers. Nach langem Schwanken und Zögern brachte »eine besondere Veranlassung«, deren Einzelheiten Loewe uns nicht aufbewahrt hat, den Entschluss in ihm zur Reife, um ihre Hand zu werben, und sie ist ihm bis zum Tode in Kunst und Haus eine treue, unermüdliche Genossin gewesen, die verlässlichste Stütze seiner Concertaufführungen, die liebevollste Mutter der vier Töchter, die sie ihm geboren: Julie, Adele, Helene (die gelähmt und verwachsen war) und Anna. Man fühlt, dass es aus dem Herzen quillt, wenn Loewe ihr in seinen Aufzeichnungen die Worte widmet: »Mit dankbarer Liebe gedenke ich hier noch einmal meiner Frau, deren künstlerisches Leben und Streben sich so recht von innen heraus dem meinigen verband. . . . Doch welchen Werth hätte dies alles gehabt, wenn sie bei ihren künstlerischen Neigungen den Haushalt vernachlässigt hätte? Aber hier gerade war sie so recht an ihrer Stelle. Sie war eine musterhafte Hausfrau, deren Pflichterfüllung nie durch Interessen beeinträchtigt wurde, die für die Frau stets nur in zweiter Linie stehen sollen. So hat sie mir das Leben, das ja leider auch in dem künstlerischen Berufe nicht immer die Rosenseiten der Freude bietet und oft genug uns streng und rauh entgegentrat, durch ihre Talente geschmückt und verschönt. Aber ihre treue Liebe, ihre aufopfernde Hingebung liess sie vor allem andern stets daran denken, wie sehr der Friede im Hause, das stille Glück in der Familie davon abhängig ist, dass die Frau vor allen andern hier sorge, walte, schaffe und ordne. . . . Geschickt wusste sie an rechter Stelle ein Wort des Scherzes einzuflechten, manchen trüben Gedanken durch ihren Humor zu verscheuchen. Sie gestattete mir nicht, dass ich zu lange und anhaltend componirte, weil sie behauptete, dass während der Erfindung sich stets mein Kopf erhitze, und kein anderer hätte mich in den wenigen Stunden, die mir mein Amt und der Privatunterricht für das eigene Schaffen übrig liessen, unterbrechen dürfen.« Wie schön wird dies Bild, das Loewe vor mehr als fünfzig Jahren von der vortrefflichen Frau entworfen, durch die Worte ergänzt, die seine Tochter Julie (Frau von Bothwell) ganz neuerdings (im April 1898) über ihre entschlafene Mutter niedergeschrieben: »Sie besass einen bewunderungswürdigen Verstand, der für die ganze Familie eine Leuchte in guten und schweren Tagen gewesen ist. Wie ein Fels im Meere stand sie immer ruhig und sich selbst vergessend, während die Überfülle des Geistes bei den Ihrigen zu ihr hinaufstürmte, ohne ihre ehrwürdige Höhe zu erreichen. Bis in ihr 90stes Jahr haben wir Alle uns an ihr erstärkt, bis sie einschlief und nicht mehr erwachte: klar und gesund bis zuletzt.

Frau Auguste Loewe sorgte sich übrigens mit Recht. Die Thätigkeit des Gatten, die Hast seiner künstlerischen Arbeit überschritt das gewöhnliche Maass weit. Und was sie befürchtete, traf ja endlich wirklich ein, als den Meister, der überreizt, fieberisch an dem »Segen von Assisi« arbeitete, im Jahre 1864 ein schwerer Schlaganfall darnieder warf. Aber — »verbiete du dem Seidenwurm zu spinnen, wenn er sich schon dem Tode näher spinnt«. Und noch stand Loewe in der blühenden Fülle der Kraft, und in raschester Folge drängten sich seine Werke, nachdem das kostbare opus 1 1824 bei Schlesinger in Berlin erschienen war. In den von Bitter heraus-

Auguste Loewe, geb. Lange.

gegebenen Memoiren des Meisters (seiner Selbstbiographie, seinen Tagebuchblättern und Briefen) findet sich als Anhang ein Verzeichniss der sämmtlichen Werke Loewes, das Dr. Franz Espagne, ein glühender Bewunderer des Componisten, im Jahre 1870 in Berlin zusammengestellt hat — grössten theils auf Grund der eigenen Daten Loewes. August Wellmer, der im Uebrigen eifrig und erfolgreich für Loewes Ruhm gewirkt, hätte es also nicht mehr nöthig gehabt, mit einem neuen, verkürzten und »für den praktischen Gebrauch eingerichteten Verzeichniss« in seiner kleinen Brochüre »Karl Loewe. Ein deutscher Tonmeister« im Jahre 1886 eine »Lücke in der Musikliteratur auszufüllen«. Beide Verzeichnisse und mit ihnen ein drittes von Scheithauer, das gleichfalls noch vor Wellmer, jedoch von diesem ungekannt, im Schlesingerschen

Verlag erschienen ist, sind durch die Zeit insofern überholt worden, als »ungedruckte« Compositionen inzwischen veröffentlicht sind und verloren geglaubte Werke sich gefunden und in der Königlichen Bibliothek zu Berlin gesammelt haben. Aber darauf kommt es hier nicht an. Man überblicke eines dieser Verzeichnisse und gerathe über die Fruchtbarkeit des Meisters nicht in Erstaunen! Siebzehn Oratorien und sechs Opern! An die vierhundert Balladen und Lieder für eine Singstimme, eine stattliche Anzahl grosser Cantaten, Motetten, »Scenen« mit oder ohne Orchester, zahlreiche Compositionen für das Männerquartett und für gemischten Chor, zwei Symphonien, vier Streichquartette, zwei Concerte für Pianoforte und Orchester, ein Trio, fünf Sonaten und andre grosse Sätze für Clavier, so und so viel andre Instrumental- und Vocalcompositionen u. s. w. u. s. w., und zu Allem noch ausser einer theoretischen und praktischen Gesangslehre für Gymnasien, einer methodischen Anweisung zum Kirchengesang und Orgelspiel und einem vollständigen Choralbuch — ein 1834 bei Logier in Berlin erschienener Commentar zum zweiten Theil des Goethe'schen »Faust«! Und alles das den täglichen Frohndiensten im Amt, dem mühseligen Privatunterricht um des Erwerbes willen — in ein paar Freistunden, die der Erholung hätten gehören müssen, abgerungen! Nur eine ungewöhnlich widerstandsfähige Natur konnte diesen Stürmen auf ihre Gesundheit stehen, und ein Wunder ist es, dass dem Componisten während dieses athemlosen Sturmlaufs so viele Gaben von oben »aus der Götter Schooss« fielen und dass dem Gehetzten die Gunst des Augenblicks doch immer wieder lächelte!

Nun möge man aber nicht denken, dass Loewe seine zahlreichen täglichen Arbeiten leicht genommen oder wohl gar verwahrlost habe. O nein. Ich weiss das Gegentheil aus dem Munde des früheren Gesanglehrers am Bremer Gymnasium, Heinrich Kurth, dessen Unterricht ich genoss und der sich mit Stolz einen Schüler Loewes nannte. Und noch in allerjüngster Zeit sind mir durch die freundliche Vermittlung eines Bremer Gymnasiallehrers zahlreiche Zuschriften früherer, nun längst ergrauter Schüler des alten Meisters zugegangen, die in dem Lobe seiner Genialität, seines hingebenden Unterrichts, seines feinen liebevollen Wesens wetteifern. Die Herren waren Schüler des Stettiner Seminars, von dem Loewe selber sagt: »Vor Allem lag mir aber die Thätigkeit beim Seminar am Herzen. Des Lehrers Mühe wird hier durch die unmittelbaren Erfolge belohnt. Denn in zwei Jahren tritt der Volksschullehrer in den Kreis seiner eigenen bildenden Thätigkeit über, und was er gelernt hat, pflanzt er auf nützliche Weise weiter fort. Nicht ohne schmerzliche Empfindungen habe ich späterhin das Institut von Stettin fortnehmen und in eine kleinere Stadt verlegen sehen und konnte ihm doch nicht folgen.« Diese herzliche Anhänglichkeit ist seinen Schülern nicht verborgen geblieben, deren einer schreibt: »Der Unterricht bei Loewe war für uns eine Erquickung. Er wirkte erziehlich durch die Vornehmheit und Lauterkeit seines Charakters. Jedem Zögling war er ein milder väterlicher Freund. Daher kamen ihm auch alle Seminaristen mit der grössten Hochachtung und Verehrung entgegen.« Ein Anderer nennt ihn »unsern liebsten Seminarlehrer« und fügt hinzu: »Disciplin konnte er zwar nicht halten, aber wir verehrten ihn als Deutschlands grössten Balladencomponisten und liebten ihn um der herzlichen Gemüthlichkeit willen, mit der er uns begegnete.«

Nur ein einziges Wesen in Stettin mochte ihm (ausser Frau und Kindern) noch lieber sein als seine Schüler, ein Wesen, das er »vom ersten Tage an geliebt hat, wie man eine menschliche schöne Seele liebt, in deren Tiefen man Leid und Freude unbesorgt niederlegen kann, und in der man Verständniss, Trost und Freude findet«: die Orgel der Jacobikirche, den Einwohnern Stettins »ein grossartiges Denkmal aus der katholischen Zeit«, ihm, wie seine innigen Worte beweisen, eine unersetzliche Freundin, die unter der Berührung seiner Meisterhände klagte und jauchzte und die leisesten Regungen seines Innern wiedertönte. Als die Zeit kam, wo er von Stettin scheiden musste, ging ihm die Trennung von seiner geliebten Orgel besonders nahe, und so stark zog es sein Herz zu ihr zurück, dass er es nach seinem Tode auch räumlich mit ihr vereint wissen wollte. Und dort ruht es seit dem Juni 1869 in einer Marmor-Urne in einem der Pfeiler neben der Orgel, etwa in Mannshöhe, hinter einer schwarzen Marmorplatte — nicht also »in des grössten Rohres Mitten«, d. h. in einer klingenden Orgelpfeife selbst, wie es in dem schön empfundenen von Martin Plüddemann componirten Gedicht von Karl Bartsch (dem verstorbenen Heidelberger Germanisten) heisst: »Loewes Vermächtniss« oder »Loewes Herz«.

Die Orgel der Jacobi-Kirche zu Stettin.

So sehr sich Loewe nun auch nach und nach in Stettin festwurzelte — es lag doch so Manches dort in ihm brach, was zur Entfaltung drängte, und es begreift sich, dass es ihn, wenn er auch keine Neigung zeigte, den kaum gewonnenen und gefestigten Wirkungskreis wieder aufzugeben, doch oft zu kürzeren oder längeren Ausflügen in die Ferne zog. Das hing zunächst eng mit ihm von der Behörde auferlegten Fernbleiben vom Stettiner Theater zusammen. Da das stark in ihm pulsirende dramatische Leben, von dem seine Balladen Zeugniss ablegen, sich nicht niederhalten liess, componirte er nach seiner Erstlingsoper »Rudolf, der deutsche Herr«, die 1825 vollendet wurde, ein Bühnenwerk nach dem andern, deren Wirkung ihm in seiner neuen Heimath zu erproben versagt war. Zwar half er sich mit den Aufführungen seiner Opern im Concertsaal oder bei besonderen Anlässen in seinem Hause — »Malekadhel« und die »Neckereien« wurden auf diese Weise den Stettinern bekannt —, doch mochte er selber fühlen, dass er damit einen genügenden Prüfstein nicht gewonnen, und lebhaft bemühte er sich, begreiflich genug, um ihre Einführung bei den Leitern der auswärtigen Bühnen. Seine Beziehungen zu Berlin, zu Spontini, zu Zelter und Anderen schienen ihm der Erfüllung seiner Hoffnungen günstig. Auch baute er auf das Wohlwollen Friedrich Wilhelms IV., auf dessen Urtheil er in seiner Loyalität zwar allzu grossen Werth legte, in dessen freundlicher Gesinnung für ihn und seine Kunst er sich jedoch nicht täuschte. Aber auch der König, so manchen Gnadenbeweis er dem Componisten gab und so eifrigen Antheil er an seinem Schaffen nahm, konnte ihm nicht helfen — wenn er sich überhaupt in die Vollmachten der königlichen Musikdirigenten mischen wollte. Von allen Opern Loewes wurden nur »Die drei Wünsche«, noch dazu sein schwächstes Werk, in Berlin mit schwachem Erfolge gegeben; die übrigen blieben unaufgeführt. Und nur Weimar entschloss sich noch zu den »Drei Wünschen«.

Weit öfter konnte Loewe den Aufführungen seiner eigenartigen Oratorien entgegenreisen, die ihm denn, wie »Die Zerstörung Jerusalems«, »Die Siebenschläfer« und »Palestrina« in Berlin, »Die eherne Schlange« und »Die Apostel von Philippi« in Jena, der »Gutenberg« in Mainz u. A. reichliche Ehren und, wenn eine besonders festliche Stimmung die Empfänglichkeit des Publikums erhöhte (wie bei der Enthüllung der Statue Gutenbergs in Mainz), oft enthusiastischen Beifall eintrugen. Möglich, dass diese besonderen Umstände das Urtheil über Loewes Oratorien zu ihren Gunsten beeinflussten und den Blick des Meisters gegen ihre Schwächen blind machten; gewiss aber auch, dass die gehäuften Schönheiten in ihnen die Anerkennung weit stärker herausforderten, als seine zumeist schon durch die Mängel der Textbücher gefährdeten Opern. Uebrigens haben es auch die musikfreundlichen Kreise Stettins seinen Oratorien an Entgegenkommen und sympathischer Aufnahme nie fehlen lassen. Er hat ihnen in seinen Concerten nach und nach alle seine Hauptwerke vorgeführt, und es scheint nicht, als hätten sie darin einen Uebergriff des Musikdirectors erblickt, der gar zu leicht in die Versuchung kommt, dem Publikum seine eigenen Schöpfungen aufzuzwingen. Loewes vornehme Natur schloss schon den Gedanken daran aus, und ehrliche Liebe zu ihm und seiner Kunst hiess seine Werke je mehr desto wärmer willkommen.

Aber nicht nur den Componisten, auch den ausgezeichneten Clavierspieler und vor Allem den Balladensänger trieb es in die Ferne, und nicht selten trat er in den grossen Concerten, die er, zuerst am 10. März 1831 in Berlin, im Laufe der Jahre in allen möglichen grossen und kleinen Städten gab, in allen drei Eigenschaften zugleich auf. In jenem Berliner Concert, in dem die Königliche Capelle unter Moser seine Ouverture zum »Rudolf«, er selbst sein A-dur-Concert für Pianoforte mit Orchester und als Sänger den »Gang nach dem Eisenhammer« (den er mit Beibehaltung der melodramatischen Zwischenspiele von Bernhard Anselm von Weber für grosses Orchester componirt hatte), den »Oluf« und »Goldschmieds Töchterlein« vortrug, versuchte er sich auch, durch die Lectüre der Staëlschen Corinne angeregt, zum ersten Male als Improvisator. Fürst Anton Radziwill, der Componist des »Faust«, gab ihm den Goetheschen »Zauberlehrling«. »Die Aufgabe«, meint Loewe in seinen Tagebuchblättern selbst, »war in der That sehr schwierig; jede mittelmässige Lösung hätte wenigstens zum

Gelächter geführt, z. B. bei den Worten »Welch entsetzliches Gewässer» oder »Herr, die Noth ist gross«. Mein Muth wuchs indess. Ich erfand mir eine Melodie, die ich mit steigendem Affect des Vortrags auf alle Strophen zugleich anwenden konnte, sowie eine obligate Figur im Accompagnement und ging frisch auf den Lindwurm los, den ich früher wohl schon in effigie besiegt hatte. Es gelang. Anhaltender, langer Beifall war Beweis dafür, dass ich die Ideen einer musikalischen Improvisation nicht ganz unrichtig ins Leben hatte treten lassen.«

Carl Loewe nach dem Gemälde von Julius Grün.

Es ist überaus anziehend, Loewe auf diesen Concertreisen, die zum grössten Theil in seine Sommerferien fielen und darum nicht überall die erwünschte Zuhörerschaft fanden, in den Briefen an die Seinen zu begleiten: sein reges Interesse an Land und Leuten und der Kunst in allen Gestalten zu verfolgen, sein knappes treffendes Urtheil zu hören und die naive Freude, die oft zum kindlichen Stolz wird, zu gewahren, wenn er der Gattin oder den Freunden einen besonderen Erfolg oder eine neue Auszeichnung von hoher Seite melden kann. Und überall fanden sich um den seltenen Mann die Besten zusammen, an der Nordküste, in Sachsen, in Schlesien, am Rhein oder in Wien, das er 1844 besuchte. Hier traf er Goethes Enkel Walter, der sein Schüler gewesen, wieder, und mit offenen Armen nahmen die Dichter, die Musiker und die vornehmen Kunstliebhaber, die nicht gerade in der Sommerfrische weilten, den genialen Mann bei sich auf: Fürst Schwarzenberg, Baron Vesque von Püttlingen, derzeit unter dem Namen Hoven ein vielgenannter Componist, Fischhof, Becher, Tschabuschnigg, Vogl und der frühverstorbene Alexander Baumann, den Theaterbesuchern durch seine Alpenschnurre »Das Versprechen hinterm Herd« bekannt. Die warmwohlige Luft der Wiener Gastlichkeit labte ihn und steigerte seine Kräfte, und überall, wohin er in Wien kam, gab er sein Bestes: im Vortrag des »Erlkönigs«, des »Edward«, des »Mohrenfürsten«, der »Gruft der Liebenden«, des »Hochzeitsliedes», der »Nächtlichen Heerschau« und des »Kleinen Haushalts«. Noch habe ich, ausser andren Ohrenzeugen, Vesques inzwischen auch verstorbene Wittwe in heller Begeisterung den Eindruck des Loeweschen Balladenvortrags schildern hören: die ungemeine Modulationsfähigkeit der umfangreichen, wenn auch nicht glänzenden Stimme, die, in der Tenorlage völlig heimisch (Loewe pflegte in seinen Concertaufführungen die Tenorpartie zu singen) auch in die Bassregionen ohne Mühe hinabstieg, nie durch sich selber wirkte, sondern mit dem Wort und der Declamation so innig verschmolzen zu sein schien, dass man Eins vom Andern nicht trennen konnte; seine Leichtigkeit im parlando, die Grazie seines Humors, die unglaubliche innere Wucht seines tragischen Ausdrucks und die ihm eigene Fähigkeit der — man möchte sagen: scenischen Malerei, so dass die Hörer den Hintergrund des Gedichtes und jedes malerische Détail vor sich aufsteigen sahen. Die Schilderung deckt sich mit Kefersteins Worten, der die Meinung vertritt, Loewes Balladen würden noch volksthümlicher geworden sein, »wenn nicht ihre Ausführung theils eine höhere musikalische Bildung, theils auch einen Umfang der Stimme voraussetzte, wie ihn die Natur nur selten giebt und wie er sich nicht ohne Schule erzwingen lässt . . . . Der Verfasser (Loewe) freilich singt mit seiner umfangreichen, zarten, überaus geschmeidigen und des tiefsten und mannigfaltigsten Ausdrucks fähigen Stimme fast alle seine Compositionen für Männerstimmen und namentlich die Balladen und Legenden ganz so wie sie geschrieben sind und mit einem so trefflichen eigenen Accompagnement, dass ich dem Gesammteffect nicht leicht etwas gleich Eigenthümliches, wahrhaft zaubervoll auf das Gemüth des Hörers Einwirkendes an die Seite zu stellen wüsste, und aus des Dichters eigenem Munde vernommen, macht sich jedes seiner Werke nicht nur als ein durchaus wahres und treffendes, sondern auch als ein schön und edel gedachtes geltend, so dass selbst auch die Härten, welche man bei'm Durchlesen mancher Compositionen von Loewe oder beim Hören derselben von einem Dritten wahrnimmt, fast ganz verschwinden«. Natürlich aber musste bei einer so sensibeln Persönlichkeit die Gunst der Stunde hinzukommen um das Beste aus ihr zu entwickeln, und Keferstein weiss davon zu erzählen, dass Loewe sich oft gerade dann, wenn es das Zusammenraffen aller Kräfte galt, gehen liess, dass ihm die Stimmung in einer ihm unsympathischen Umgebung versagte, und dass sein Vortrag demzufolge oft eine ganz schiefe Beurtheilung erfuhr, vollends von solchen, die ihn vom Standpunkt eines »auf Bravour hinzielenden Virtuosenthums« kritisirten. Denn diesem hat Loewe niemals auch nur die geringsten Zugeständnisse gemacht. Er scheute zwar vor den Schwierigkeiten des colorirten Gesanges in seiner Composition nicht zurück und beherrschte sie selber mühelos, aber sie waren ihm niemals Selbstzweck. Wenn aber auch nicht auf die Stimmung — auf seine Stimme konnte Loewe fast immer zählen, und es war nichts als ein unglückliches Verhängniss, dass sie ihm in London, das er nach einem glänzend verlaufenen Besuch am Coburger Hofe im Mai 1847 kennen lernte, am Hofe der Königinnen Adelaide und Victoria einmal im Stich liess. Doch rettete er nach einem missglückten Abend in einem Nachmittagsconcert im Buckingham-Palast seine Ehre und freute sich an dem Interesse und dem Beifall, mit dem der Prinz-Gemahl seinem Vortrag folgte.

Adele Loewe (In der Brautzeit).

Julie Loewe (im 25. Lebensjahre).

Es war die letzte seiner künstlerischen Reisen. Ihn selbst wandelte zwar die Reiselust noch öfter an, aber nach den Mittheilungen seiner Tochter Helene, die seine biographischen Skizzen in einem Nachtrag bis zu seinem Tode ergänzt hat (als Abtheilung III des von Bitter herausgegeben Buches), hielt die kluge und energische Frau Auguste ihn davon zurück, denn das Befinden des Unermüdlichen machte ihr eben doch manchmal Noth. Schon einmal, im Jahre 1833, hatte er auf ärztlichen Rath pausiren müssen. Aber er benutzte das Verbot, das Componiren zu lassen, nur dazu, um — seinen Faustcommentar zu schreiben. Bald nach seiner Fahrt nach England sollte ihn jedoch ein schmerzliches Ereigniss heftig erschüttern. Im Jahre 1851 starb seine Tochter Adele, nach Helenens schwesterlich-inniger

Helene Loewe.
Nach e. Zeichnung v. Julie von Bothwell, geb. Loewe.

Schilderung »eins der liebenswürdigsten Wesen, die man sich denken konnte.« Sie hatte sich zu einer bedeutenden Sängerin herangebildet und war eben im Begriff mit einem musikalisch gleichfalls ungewöhnlich begabten jungen Offizier (von Tippelskirch) die Ehe einzugehen, als ein typhöses Fieber sie dahinraffte. Der Verlust beugte Vater und Mutter schwer darnieder, und Loewe musste auf einer Reise nach Norwegen (auf der »Odins Meeresritt« entstand) Stärkung suchen, ehe er seine Arbeiten wieder aufnehmen konnte. »Das Sühnopfer des neuen Bundes«, »Das hohe Lied Salomonis«, »Polus von Atella«, »Die Heilung des Blindgeborenen«, »Johannes der Täufer« und »Die Auferweckung des Lazarus« entstanden in raschester Folge, also sechs zum Theil sehr weitschichtige Oratorien in etwas über zehn Jahren, und nur das liebevolle Drängen der Gattin vermochte den Rastlosen, sich dazwischen die Ausspannung einer

5

Hepburn von Bothwell.

Reise oder einige Wochen Ruhe in dem kleinen Bade Ahlbeck zu gönnen. So besuchte er 1857 seine Tochter Julie und ihren Mann in Havre de Grace und sah den gealterten Jerome Bonaparte wieder, der es einst als König von Westfalen so gut mit ihm gemeint; oder er reiste zu den Bothwells, die sich viel auf Wanderschaft befanden, nach Berlin und folgte den Einladungen des Königs nach Potsdam zum Vortrag seiner Balladen. Auch ein neuer Operntext, »Dolora« von einer Frau Elsler, beschäftigte ihn trotz aller Enttäuschungen wieder, die ihm die Theater bereitet hatten, und lebhaft berieth er mit seiner Tochter Helene, was daran zu heilen und zu bessern sein möchte. Bald nahm seine Arbeitslust einen krankhaften Charakter an. Er überlud sich mit Privatlectionen und berichtete den Seinen, mit denen er so eben erst am Clavier den »Lazarus« probirt hatte, freudestrahlend bereits wieder von einem neuen Oratorium, das Giesebrecht, der sich einige Zeit lang von ihm fern gehalten, für ihn gedichtet hatte: »Der Segen von Assisi«. Frau und Töchter riethen ihm zur Ruhe. Dass seine Nerven überreizt waren, hatte sich im Herbst schon an der See gezeigt: der Wellenschlag, der Andere einschläfert, hatte ihn erregt und gequält. Sein Blick war unruhig geworden, sein Gesicht völlig vergeistert, sein Gemüth der mystischen Stimmung eines Stoffes, in dessen Mitte der Heilige von Assisi stand, ganz hingeneigt. Und so lehnte er denn alle Mahnungen mit den Worten ab: »Lasst mich nur, noch ist es Tag, es kommt aber die Nacht, da Niemand wirken kann.«

Sie kam bald. Mitten in der Composition des neuen Textes und nachdem er während der Arbeit noch das Gedicht einer dem Hause befreundeten Dame »Spirito santo« in Musik gesetzt hatte, traf ihn am 23. Februar 1864 der Schlaganfall, der ihn in einen, mit kurzen Unterbrechungen sechs

Anna Loewe. (In der Brautzeit 1862.)

Wochen währenden tiefen Schlaf versenkte. Als er erwachte, war er der Alte nicht mehr. Der Sommeraufenthalt auf dem Tilebein'schen Gut Züllchow brachte ihm keine äussere und innere Erquickung; es war ein nasskaltes, trübes Jahr. Abe an seinem Flügel während der Winterzeit wurde der frühere Geist nach und nach wieder in ihm wach, sein Anschlag gewann die frühere Fülle, die gelähmte Hand die einstige Kraft, und das einst so ungehemmte Gedächtniss kehrte in Bruchstücken wieder. Da liess sich mit dem wiederkehrenden Frühling eine weitere Reise wagen, und da sein Schwiegersohn von Bothwell als Corvetten-Capitän nach Kiel versetzt worden, erhoffte der Arzt von dem Aufenthalt dort, in der Nähe seiner Tochter, inmitten der schönen Natur, für den Leidenden doppelte Erfrischung, die auch nicht ausblieb. Wieder horchte er wie in seinen Kindertagen Stunden lang im Walde auf die Stimmen der Vögel, aber der rechte Friede wollte nicht über ihn kommen. So zärtlich sich insbesondere seine jüngste Tochter Anna, seine beständige Begleiterin, um ihn bemühte — er sehnte sich nach Stettin, nach Haus und Amt, am stärksten aber nach seiner geliebten »Caecilia«, nach seiner Orgel zurück, und war überglücklich, als er endlich, merklich gestärkt, die Heimreise antreten konnte.

Im September 1865 kehrte er zurück. Er bestieg die Orgel wie früher. Die ergriffene Gemeinde hörte ihn mit alter Kraft und Zartheit spielen und sah seine Augen leuchten, wenn er aus der Kirche heimkehrte. Er hoffte und plante wieder; nur den Privatunterricht wieder aufzunehmen und die Concerte zu leiten, konnte er sich nicht entschliessen. Zwei Jahre waren unterdessen seit jener Februarnacht von 1864 verflossen. Da drang, am 25. Februar 1866, wie Helene Loewe schreibt, »ein anderer, nicht geahnter Schlag in seine stille Behausung«. Die städtische Behörde verlangte, dass er seinen Abschied einreiche. Vergebens bat Loewe, nur um sich von seiner Orgel nicht trennen zu müssen, man möge ihm verstatten einen Stellvertreter zu wählen und zum Theil selber zu besolden. Wenigstens siebzig Jahre wollte er alt werden, ehe er sie lasse. Umsonst. Der Magistrat bestand auf seinem Schein und glaubte es zu müssen, weil die Vertretung Loewes angeblich nicht genügte. Zwar kleidete er sein Verlangen durchaus respectvoll ein und gewährte dem Meister (was man nicht übersehen sollte!) sein volles Gehalt als Pension, aber er fand doch den Ausweg nicht, die Gefühle des edlen Mannes zu schonen, der der Stadt 46 Jahre unermattet gedient und aus der überreichen Fülle seiner Natur und seines Könnens seine Gaben sorglos in den Schooss geschüttet hatte, wie ein Reicher unter die Menge Goldstücke wirft. In seinem Rechte war ja der Magistrat gewiss, aber dies Recht stand auf der gefährlichen Grenze, wo es — summum jus summa injuria — zum Unrecht wird.

So fügte sich denn Loewe dem harten Zwange. Im Mai 1866 zog er mit seiner Familie zum zweiten Male nach Kiel — diesmal für immer.

## ABSEITS VOM REICH DER BALLADE.

Sind denn nun von Allem, was Loewe in den 46 langen Jahren in Stettin geschaffen, nur die Balladen es werth ihn zu überdauern? Ist die ganze übrige Ausbeute dieses fruchtbaren Lebens, diese ungeheure Summe künstlerischer Arbeit für die Nachwelt verloren, wie es den Anschein haben und wie seine engere Jüngerschaft es mit so heiligem Eifer verhüten möchte?

Es wäre eine Thorheit die Frage so rundweg kalt zu bejahen. Eine bedeutende Künstlernatur wird, wohin sie sich auch wendet, ihres Geistes einen Hauch zurücklassen, und schlechthin werthlos ist nichts, was Loewe geschaffen.

So finden sich unter seinen zahlreichen Instrumentalwerken einige vortreffliche Gaben. Doch sind — bezeichnend genug — diejenigen die kenntlichsten Abbilder seines Geistes, die ihren Inhalt der Aussenwelt entnehmen, durch eine Scenerie, einen Vorgang, ein Dichterwort inspirirt: die »Biblischen Bilder« z. B., op. 96, die die Ueberschriften »Bethesda«, »Gang nach Emmaus« und »Martha und Maria« tragen; der »Mazeppa« (op. 27), eine Tondichtung für Clavier, mit den ausgebildeten Zügen der Programmmusik; die »Vier Fantasien« (op. 137) die sich mit der Meerfahrt und der Ansiedelung eines Auswanderers im wilden Westen beschäftigen; die Abend- und Alpenfantasie (schwächere Compositionen); der »Frühling«, eine von Beethovens Pastorale beeinflusste Sonate (wie alle vorgenannten Werke für Clavier), deren erster Satz die Uhlandschen Verse als Motto trägt »Noch ahnt man kaum der Sonne Licht«. Auch die »Schottischen Bilder« für Clavier und Clarinette (op. 112) gehören hierher. Einer Sonate in E-Dur (op. 16) fügt Loewe als zweiten Satz eine französische Romanze ein, »Toujours, toujours je te serai fidèle«, zwar »pour le piano«, aber doch »avec accompagnement du chant ad libitum«. Zu freiester Eigenart erhebt er sich in der »Zigeunersonate« (op. 107), die voll vom Leben der Bohème und dem innigsten Naturempfinden ist. Klänge dieser Art hatte er schon in den Tagen der Kindheit aufgefangen, und wo je in seinen Werken verwandte

Saiten angeschlagen werden mussten, hat er sie zu meistern verstanden. Aber auch hier begnügt er sich nicht mit grossen Grundstimmungen — er sieht bis ins Einzelne ausgeführte Bilder vor sich, die er mit seinen Tönen illustrirt: die Tänze der Männer mit Feuerbränden, der Weiber, die den Waldkranz umtanzen, den Eiertanz der Kinder. Er lässt vor unsrer Phantasie ein schwärmerisches »Indisches Märchen« erstehen und die Zigeuner in dem vierten Satz »Abend-Cultus« den Mond als den Abglanz des Sonnentempels anbeten.

Es ist nur selbstverständlich, dass eine so gerichtete Künstlernatur sich nicht eben so sicher und originell zeigen konnte, wenn sie die reinen Formen der Instrumentalmusik zu handhaben und mit dem Inhalt der eigenen Seele zu füllen hatte. Dennoch bleibt es nicht nur achtunggebietend, sondern erstaunlich, was Loewe diesem Felde, so zu sagen im Widerspruch mit sich selbst, abzugewinnen vermocht hat. Dass ihm die Motive unter den Händen nicht immer zur völligen Reife auswachsen und neben dem bedeutendsten plötzlich ein ganz kleinliches Thema erscheint, kann uns bei ihm nicht Wunder nehmen. Das

Linke Seitengruppe des Stettiner Loewe-Denkmals. Von Hans Weddo von Glümer.

fällt uns selbst in der Sonate élégique in F-Moll auf, der Robert Schumann ein so hohes Lob spendete, aber den Schwung und die ernste grosse Stimmung ihrer raschen Sätze wird ein gerecht Prüfender eben so wenig verkennen wie den tiefen seelischen Gehalt in der Es-Dur-Sonate (op. 41), deren Themata an sich ja nicht eben interessant sind. An solchen Zwiespältigkeiten fehlt es auch seinen übrigen Instrumentalcompositionen nicht, und wenn sie sich in seinen beiden ungedruckten Symphonien am fühlbarsten geltend machen, dann liegt das in der unzulänglich entwickelten Orchestrirungskunst, in der Loewe es nie zur Meisterschaft gebracht hat. Nicht dass seine Instrumentirung so schlechtweg mager wäre wie man es ihm wohl vorgeworfen hat; er fährt sogar oft und gern mit dem vollen Orchester im Fortissimo daher — aber er denkt nicht im Geist der verschiedenen Instrumente, er lauscht ihnen ihre Seele, ihre Farben nicht ab, spart hier zur Unzeit und verschwendet dort. Immerhin enthält von den beiden Symphonien die eine viel Schönes: die D-Moll, die nach einem akademisch-conventionellen Allegro im Scherzo ein ungemein gefälliges erstes Trio in F-Dur, ein graziöses Andante und als Einleitung zum Finale ein Adagio des Streichquartetts bringt mit dem Thema, aus dem dann der Schlusssatz, leider nicht vollwerthig, entwickelt. Die andre Symphonie aber (in E-Moll) ist ein leeres, unbedeutendes Getön. Das originellste ihrer Themata erinnert an die Arie des heiligen Franciscus im »Segen von Assisi« (von dem noch zu reden ist); es ist das Hauptthema des Finale und lautet so:

Vornehm wird es niemand nennen können.

In einem ähnlichen Verhältniss wie Loewes Instrumentalcompositionen zu seinen Balladen stehen auch seine übrigen zahlreichen Vocalwerke. Gewiss hat der Meister auch für das reine Lied oft die schönsten und eigenartigsten Klänge gefunden, für die »Nachtlieder« Goethes z. B., für Gretchens Gesang vor der Mater dolorosa, Heines »Ich hab' im Traum geweinet«, das reizende Minnelied »Der Holdseligen sonder Wank«. Aber die bedeutendsten unter seinen Liedern sind doch wieder diejenigen, die nicht als unmittelbarer lyrischer Erguss aus seiner eignen Seele fliessen, sondern die er aus einer fremden Welt, einer fremden Persönlichkeit heraus — also hier wie in der Ballade — empfinden musste. Die Stieglitz'schen »Bilder des Orients« z. B. mit ihrer entzückenden Schilderung der lieblichen »Oase« und dem prächtigen, von Kraft strotzenden Gesang des »Melek am Quell« mit dem charakteristischen Mordent für das wiehernde und schnaubende Ross. Auch die »Hebraeischen Gesänge«, durch die ein Hauch alttestamentlicher Grösse und in dem unvergleichlichen Liede »An den Wassern zu Babel« der Klageton der elegischen Harfe Judas zieht. Es ist fast unbegreiflich, woher dem Meister diese Töne, die das musikalische Gefühl eben nur mit Israel und seinen Trauergesängen verbinden kann, geflossen sind, und es wäre vergebliches Bemühen die musikalischen Mittel nachzuweisen, die dem Liede seine besondre Färbung gegeben. Noch einmal kehren verwandte Klänge bei Loewe in seinem Esther-Cyklus (op. 52) wieder, und auch da ist die Grundstimmung dieselbe: in dem Liede, das die gekrönte Jüdin ihren kleinen Töchtern singt: »Spielt, Mädchen, unter eurer Weide«, ein Lied von unsäglichem Reiz.

Auch Loewes Chorcompositionen, besonders seine Männerquartette, enthalten zahlreiche Treffer. Zwar möchte ich die Horazischen Oden (op. 57) nicht sammt und sonders dazu rechnen, denn das fremde musikwidrige Metrum hemmte den freien Fluss der Phantasie des Componisten und verleitete ihn zu falschen Betonungen, gegen die sein philologisches Gewissen sich hätte auflehnen sollen. Darum gelang ihm auch nur die Ode an Neobule völlig (Miserarum est), weil ihr Versmass, der rhythmisch praecise Jonicus a minore ($\smile \smile - -$), von Haus aus musikalisch ist. Desto vollwichtiger ist das prächtige opus 84. Noch erinnere ich mich des hellen Vergnügens, mit dem wir kleinen Gymnasiasten in Bremen lauschten, wenn die Primaner (mit einigen Domchor-Sängern im Bunde) unter der begeisternden Leitung des allzu früh, am 1. April 1872, im kräftigsten Mannesalter geschiedenen Heinrich Kurth, dessen ich oben schon gedachte, den »Stabstrompeter« oder »O heiliger Martine« anstimmten. Die erfrischende Wirkung blieb dieselbe, als ich späterhin selber im Bass mitsang und, wiederum nach einigen Jahren, die Lieder für mich am Clavier durchging. Und Loewes reine Vocalwerke nicht allein, seine Psalmen und Motetten, das »Salvum fac regem« (dessen Originalsatz Runze zuerst im »Hohenzollern-Album« bringt), auch die reicher ausgestatteten, vom Orchester begleiteten geistlichen Festgesänge, das »Te Deum« z. B. führen immer einige geniale Einfälle mit sich und treffen die religiöse Stimmung und die des kirchlichen Pomps, wie es der Inhalt der Worte und der feierliche Zweck verlangt, gleich trefflich. Eigenthümlich mischt eine nur im Manuscript vorhandene »Cantate zum Feste der Verstorbenen« (für gemischten Chor, Sopran- und Tenorsolo, Streichquartett und drei Posaunen), deren Bekanntschaft ich Herrn Otto Frank in Berlin verdanke, in dem Giesebrecht'schen Text bibelgläubige und pantheistische Worte, die in der Musik den entsprechenden Ausdruck gefunden haben, ohne dass ein Gefühl von Stilwidrigkeit in uns aufkäme: so rein und edel fliesst das Ganze aus einem gemeinsamen Centrum, der geläuterten Stimmung der Weltflucht. Vielleicht sein Bestes in dieser Richtung hat uns Loewe aber in zwei Compositionen gegeben, deren Text antike oder doch antikisirende Chöre sind. Die erste ist die Musik zu Raupachs Tragödie »Themisto«, die melodisch an einigen Stellen auffallend an Spohrs »Jessonda« anklingt: in dem Clarinettenthema im Mittelsatz der Ouverture und dem Chor »Darum prüfe der Mensch die Gedanken«. Eine gewisse erhabene Monotonie der gesungenen Worte vermittelt uns die Vorstellung der Einfachheit und Würde, die wir mit dem Wesen und der Kunst der Antike verbinden, vorzüglich. Das andere Werk aber ist eine weltliche Cantate, die Composition der Euripidëischen Chöre, die Schiller bekanntlich unter dem Titel »Die Hochzeit der Thetis« frei übertragen hat. So leicht und froh, mit classischer Grazie schweben diese Töne dahin, »zu der Cither tanzlustigen Tönen, zur Schalmei und zum libyschen Rohr«, so wuchtig poltern die Centauren daher. »grüne Kronen in dem Haar und mit fichtenem Geschosse«, so stolz-erhaben klingt die Weissagung von dem kommenden Helden Achilleus, und solch' ein goldig-strahlendes Colorit liegt über dem ganzen Bilde, dass uns die Antike in ihm in holdester Gestalt lebendig wird. Ein kleines Meisterwerk! Und selbst die Instrumentation ist hier wohlgewählt; sehr discret zwar, aber auch das geringste Zuviel hätte die leichten Schwingen dieser Melodie belastet und herabgedrückt.

Loewe-Denkmal (von Hans Weddo von Glümer) zu Stettin.

Man sollte denken, es sei von solchen Werken und andern, wie dem schönen kleinen Chorwerk »Scholastica«, nur ein Schritt, sei es zum Oratorium, sei es zur Oper, und glückten dem Componisten jene, dann hätten ihm auch diese gerathen müssen. Dennoch sind die »Hochzeit der Thetis« und die »Scholastica« im Grunde nur grössere Balladen; im Oratorium aber und der Oper hatte der Erzähler wenig oder gar nichts, der Dramatiker desto mehr zu thun, und wie dem nun auch sei: es ist eine bedauerliche Thatsache, dass der Meister es auf diesen Gebieten nur selten zu einem ganz zweifellosen und nachhaltigen Erfolge gebracht hat. Und den Gründen dieses, möglicherweise ja ganz unberechtigten, nur auf einen Urtheilsmangel der Kritiker oder die Unempfänglichkeit des Publikums zurückzuführenden Versagens verdient tiefer nachgegangen zu werden.

Da liegt nun die Frage nahe: hätte das erstaunliche dramatische Leben, das in Loewes Balladen pulsirt, sein merkwürdig reichhaltiger Formen- und Farbensinn, der jeder Zeit und jedem Lande die rechten Töne und Contouren zu geben wusste, nicht gerade im Oratorium und mehr noch in der Oper erst zu voller Entfaltung kommen müssen? Das möchte so scheinen. Wie aber, wenn die Ballade, in der er kurz und kühn nur zu skizziren brauchte, gerade für sein Genie Raums genug geboten und wenn sich dies auf den breiten Flächen, die jene darboten, verloren und zerstreut hätte? Man hat zwar gut reden, wenn man auch seine Oratorien »erweiterte Balladen« nennt — aber vielleicht war ihnen gerade diese »Erweiterung« schädlich: er hätte bei den knapperen Formen bleiben müssen. Vielleicht. »Sein Oratorium sei das richtige«, hat Loewe selber gemeint und des Oefteren ausgesprochen. Was war denn aber das Neue, und was hielt er für das Richtige daran? Anlass genug zu Aergerniss und Zank haben seine Schöpfungen bereits kurz nach ihrem Erscheinen gegeben. Die Anhänger des guten Alten lehnten sie um ihrer Ketzereien willen ab, die sie den Neueren gerade werth machten. Hatte Loewe nur unter verzopften Vorurtheilen, vielleicht unter einer falschen Auffassung der Gattung zu leiden? Scheiterte er auf dem Wege nach einem neuen Welttheil, oder jagte er einer Utopie nach?

Es fällt gewiss sofort auf, dass fast alle seine Oratorien, im ausgesprochenen Gegensatz zu den grossen Schöpfungen der alten Meister, aber auch Mendelssohns, stark auf unsere bildnerische Phantasie zählen, denn sie stellen ihre Personen, ein Vielerlei von Prälaten, Zigeunern, Studenten, Druckergesellen und -Lehrlingen, das Volk von Ephesus und die heiligen sieben Schläfer, Winzer, Schauspieler und römische Senatoren mitten in eine ganz bestimmte Scenerie, die wir uns deutlich ausmalen müssen, wenn wir den Sinn der gesungenen Worte völlig verstehen wollen. Wir müssen uns in der Introduction der »Sieben Schläfer« vor die Höhle versetzen, in der die frommen Jünglinge vor den Verfolgungen des Kaisers Decius vor fast zweihundert Jahren eine Zuflucht gefunden haben, und deren Eingang der Proconsul und seine Gemahlin in eigner Gegenwart öffnen lassen. Wir müssen dem kleinen Malchus in die geräuschvolle Stadt mitten auf den Marktplatz und sogar in den Bäckerladen folgen, in dem er für einen Solidus Speise für sich und die Seinen kaufen will. Huss begleiten wir auf seinem Zuge über die deutsche Grenze, wir sehen ihn unter den Zigeunern, im Saal des Concils, in der Burg des Kaisers, und sollen uns sogar seine Verbrennung mit dem ganzen entsetzlichen Drum und Dran mit theatralischer Deutlichkeit ausmalen. Diese Rücksichten auf die äussere Scenerie, die den Componisten oft über Gebühr in Anspruch nehmen, dies übermässige Bunterlei von Personen und immer wechselnden Situationen, sie sind den Loewe'schen

Oratorien gefährlich geworden und haben ihr inneres Leben auf Kosten des äusseren stark beeinträchtigt. Es liegt aber doch einfach in der Natur der Sache, dass das Oratorium, eben weil es auf alle Mittel der Anschauung verzichtet, desto stärker auf den inneren Sinn rechnet und den ganzen Stoff für ihn herrichten muss. Das wussten die Librettisten Händels und Händel selbst. Was in dessen Oratorien zur Scenerie gehört, ist immer nur ganz leicht skizzirt, und das Meiste in ihnen ist von allem Scenischen überhaupt losgelöst. So bringt der »Messias« uns nur in der Weihnacht eine deutliche Situation, doch auch nur in schattenhaften Linien, vor das geistige Auge, und Alles, was folgt, steht ausserhalb von Raum und Zeit, um sich desto ungestörter und brünstiger der Empfindung hinzugeben: wie der Chor »Seht, das ist Gottes Lamm«, die Alt-Arie »Er ward verschmähet«, das Tenorsolo »Blickt her und seht«. Wie verschwimmt uns das äussere Bild des Gekreuzigten hier in nebelhafter Ferne, und wie haben wir es ganz nur mit den schmerzlichen Regungen Derer zu thun, die, von seinem Anblick im tiefsten Innern getroffen, ihren Klagen Wort und Töne leihen. Im »Judas Maccabaeus« steht es nicht anders; viel anders auch nicht in »Israel in Aegypten«, das mit seinen sieben Plagen den Componisten doch gewiss zur musikalischen Darstellung äusserlicher Dinge geradezu herausforderte. Händel ist ihnen auch nicht ausgewichen. Regen und Hagelschlag, Sturm und Gewitter, das Schwirren der Mücken und Fliegen, sind für die Musik, wenn auch nicht die höchsten Probleme, doch ganz wohl darstellbare Dinge, und die mächtigen Chöre, in denen sie hören rauschen und brausen, hören wir gewiss mit Vergnügen. Aber es spricht für den grossen Meister mit heller Zunge, dass er gerade diejenigen Plagen, die sich rein äusserlich in Tönen garnicht darstellen liessen, die Verwandlung des Wassers in Blut und die Finsterniss, am Genialsten und Eindringlichsten behandelt hat. Und warum? Weil er den äusseren Eindruck nach innen projicirte. Weil er den blutigen Strom nicht schildern konnte, zeigte er uns das Schaudern des Volkes vor dem furchtbaren Trank — also eine Empfindung statt einer Scenerie —, und weil er die tiefschwarze Nacht in Tönen nicht malen konnte, liess er die Stimmen tastend an einander vorüberschleichen und wie unter einem schweren, lähmenden Druck stöhnen und seufzen. So verinnerlichte der Genius den äusseren Eindruck und wies damit deutlich auf das Grenzgebiet der Musik hin.

Es braucht nicht besonders hervorgehoben zu werden, dass Johann Sebastian Bach nicht anders als Händel verfährt. So grundverschieden die künstlerischen Naturen der beiden Männer waren, und so nahe die biblische Erzählung Bach die Betonung des dramatischen Elements in der Passionsgeschichte legte — auch er, und gerade er, weiss sich in den rein lyrischen Partien seiner grossen Werke an überströmender Empfindung nicht zu erschöpfen. Und so charakteristisch und mit so tiefer Innigkeit er am rechten Platz die dialogischen und dramatischen Sätze behandelt, in den Soli des Herrn, des Petrus, in den kurzen leidenschaftlichen Chorsätzen der verhetzten Menge — die äussere Scenerie wird bei ihm kaum angedeutet. Wenn Christus den letzten Odem verhaucht hat, dann wird der Aufruhr der Elemente, das Zerreissen des Vorhangs im Tempel, das Bersten der Gräber nur mit den allerdiscretesten Mitteln, so weit es eben unvermeidlich war, geschildert. Und wenn Bach, der aus seinem tiefgründigen Innern noch ganz anders ergreifende und erschütternde Klänge als Händel hervorzurufen vermag, seinem grossen Genossen auch an Stärke des dramatischen Ausdrucks überlegen erscheinen möchte — so schöpft doch auch seine Dramatik aus keiner anderen Quelle als der seines starken Empfindens. Denn dramatisch ist gleich der erste riesige Doppelchor angelegt, »Kommt ihr Töchter, helft mir klagen«, mit seinen Ausrufen und Fragen »Sehet!«, »Wen?«, »Den Bräutigam!«; dramatisch bricht der Chor in dem grossartigen Satze aus »Sind Blitze, sind Donner in Wolken verschwunden?«; völlig dramatisch giebt sich der Zwiegesang der Frauenstimmen »So ist mein Jesus denn gefangen?« mit den kurzen Zwischenrufen der Chöre »Lasst ihn! Haltet! Bindet nicht!« und das himmlische Tenorsolo »Ich will bei meinem Jesus wachen«. Aber alle diese Sätze heben sich nicht von einem bestimmten Hintergrund ab. Sie sind nicht an die Zeit gebunden, und spielen in einem idealen Raum.

Daraus ergiebt sich schon, dass man mit der Behauptung, alles Dramatische gehöre nicht in das Oratorium, ob weltlich oder geistlich, sondern in die Oper, weit über das Ziel hinaus schiesst. Denn abgesehen davon, dass jedem Oratorium gewisse dramatische Grundformen anhaften und dass jede Arie, die eine bestimmt charakterisirte Person singt, ein musikdramatischer Monolog ist, giebt es auch äussere dramatische Situationen von höchster Eindringlichkeit, die sich der Verkörperung auf dem Theater aus bestimmten Gründen entziehen und die, falls sie nur durch die Musik darstellbar sind, gerade im Oratorium ihre richtige Stellung finden — oder man müsste sie denn, was sinnlos genug wäre, aus dem Kunstgebiet gänzlich verweisen. Man denke z. B. an die Herabrufung des Feuers auf die Baalspfaffen im »Elias« oder besser noch an die Beschwörung des Regens in demselben Werke: eine Scene, die sich ganz wundervoll dramatisch steigert und gipfelt, und die doch auf dem Theater wirkungslos bleiben würde. Wie der Prophet zu Gott fleht und, als »der Himmel ehern über ihm bleibt«, im heissen Gebete mit ihm ringt, bis der ausschauende Knabe eine kleine Wolke gewahrt, »wie eines Mannes Hand«, die wächst und schwillt, nah und näher kommt, das Firmament verfinstert, und nun in gewaltigen Güssen der Regen niederrauscht und der Chor einsetzt »Dank sei Dir, Gott, Du tränkest das durst'ge Land!« — das ist ein Geschehniss, das keine andere Kunst als die Musik so erschöpfend und überwältigend darzustellen vermag. Und was wäre auf der Bühne daraus geworden? Ein ärmlicher Maschineneffekt, der vor dem Bilde, das unsere Phantasie sich malt, zu Nichts zusammenschrumpft. Dies Nahen und Wachsen der kleinen Wolke an dem gluthheissen Himmel kann selbst die vollkommenste Decorationstechnik nicht annähernd wiedergeben, die beste Erbsentrommel, die vortrefflichste Laterna magica nicht annähernd die Wucht der niederstürzenden Wassermassen. Sollen solche Vorgänge, weil sie zu dramatisch sind, dem Oratorium nun wirklich fern bleiben? Vielmehr gehören sie ihrer besonderen Natur nach gerade dorthin.

Leider findet sich aber in den Loeweschen Oratorien von solchen Scenen, die musikalisch und dramatisch zugleich und nur vor dem geistigen Auge darstellbar sind, sehr wenig vor. Das Meiste noch in der »Zerstörung Jerusalems«, dem ersten dieser Werke, das Loewe componirte (seinem op. 30). Der Text rührt von Gustav Nicolai her, und so bewegt seine Handlung ist, sie ist doch auf ein höheres Podium als das des Theaters gerückt. So die Scenen des Kampfgetümmels, dem Berenice von der Höhe zuschaut, während die Christen sich auf Golgatha zusammenschaaren und auf des Hohenpriesters trotzige Anrufungen Jehovas unsichtbare Geisterstimmen antworten: »Sein Blut komme über uns und über unsere Kinder«. Noch zweimal wiederholt sich das gleiche Spiel. Das Christenthum hält Gericht über den jüdischen Geist, und mit dem dramatischen Vorgang vereint sich der höhere symbolische Sinn. Von diesem höheren Standpunkt betrachtet auch Loewe den Stoff, denn er setzte sich mit dem Textdichter über die kleinliche Genauigkeit des Wirklichen unbesorgt hinweg, wenn er die Christen den Choral »Jesus, meine Zuversicht« anstimmen lässt — mit weit besserem Rechte jedenfalls, als die Juden in seinem theatralischer gedachten und geschauten Oratorium »Die eherne Schlange« nach der Melodie des innigsten und christlichsten aller Choräle »O Haupt voll Blut und Wunden« die Worte singen »Das Vorbild ist geschwunden, das Urbild ist enthüllt«. Realistische Farben hat der Tondichter gleichwohl nicht gespart, und von der ungeheuren Bewegung des Stoffes hat er sich willig mit fortreissen lassen. Ein Chaos von Muth und Trotz, Angst und Verzweiflung, Hohn und Spott, Opfermuth und Eigennutz, das uns bis zur letzten Note, bis zu der machtvollen Schlussfuge »Denn das sind der Rache Tage« in Erregung und Spannung hält. Aber die Schönheit der musikalischen Erfindung hält der dramatischen Kraft und Schlagfähigkeit des Werkes nicht ganz die Wage: und das ist seine Schwäche. Es geht Loewe hier wie in einigen seiner Balladen, in denen der Reiz der Melodie im Typischen der Charakteristik erstarrt. Nichts falsch, sogar Alles gross und kühn gegriffen — aber das Zarte hat sich hier mit dem Strengen, die Anmuth mit der Würde nicht paaren wollen.

Uebrigens steht »Die Zerstörung Jerusalems« in dieser Stilbehandlung unter Loewes Oratorien fast ganz allein. Die übrigen werden in ihrer Melodienbildung oftmals eher zu gefällig als zu gross, und leider entspricht der Kleinheit der Einfälle nicht selten auch ihre harmonische und contrapunktische Behandlung: fast unausbleiblich bei der Fruchtbarkeit und der unglaublichen Eile, mit der Loewe arbeitete. Er aber wollte davon nichts wissen, wie er auch gegen das Zwitterwesen der meisten seiner Oratorien völlig blind war. Er verfocht sein gutes Recht, dem Concertsaal neue Stoffe zuzuführen, mit der Hartnäckigkeit der Ueberzeugung. Auch hat er das Gebiet wirklich bereichert, aber indem er gerade solche Texte bevorzugte, die bühnenmässig gearbeitet, ohne immer auch musikdramatisch zu sein, der bildnerischen Phantasie eine Thätigkeit zumutheten, die die musikalischen Eindrücke verwirren und abschwächen musste, verfing er sich zwischen Oratorium und Oper und wurde weder dem einen noch der anderen völlig gerecht.

So führt uns der «Johann Huss« (op. 82) in seinen drei Theilen durch eine ganze Reihe kleiner Bilder und Bildchen von Böhmen bis nach Constanz. Anstatt uns Raum und Zeit vergessen zu machen, verlangt der Librettist vielmehr, dass wir uns ganz bestimmte Scenerien vorstellen, die an sich doch mit dem Musikalischen nichts zu thun haben können: ein Zimmer im Palast König Wenzels z. B., in welchem dieser mit seiner Gemahlin Sofia und mit Huss ein Terzett singt, oder ein anderes, in welchem König Sigismund sich von seiner Frau, wie Pilatus von seinem Weibe, warnen und tadeln lassen muss. Oder den böhmischen Wald, die deutsch-böhmische Grenze, den Conciliensaal und die Richtstätte zu Constanz. Und diese scenischen Sprünge sollen wir ganz unvermittelt machen, ohne die kleinen epischen

Bindeglieder, die wir aus der Passion und aus den Oratorien Händels und Mendelssohns kennen. Wenn wir es nicht aus einer Regienotiz im Textbuch wüssten, würden wir ganz im Unklaren darüber sein, wo wir uns nach des Dichters Wunsch befinden sollen. Da singt dann plötzlich eine Stimme, hinter der sich der »Bischof von Lübeck« verbirgt, oder eine andere, die dem Bäuerlein angehört, über das der Märtyrer um seiner »sancta simplicitas« Willen noch lächeln konnte, und vor dem unverbundenen buntscheckigen Vielerlei fragen wir uns wirklich, warum die Autoren nicht noch die wenigen Schritte weiter bis zur Oper gethan. Mit einer blossen Verpflanzung der Oratorien, so wie sie sind, auf die Bühne wäre es aber natürlich auch nicht gethan; ein dramatischer Geist hätte die Stoffe zuvor neu formen und beleben müssen. Denn Experimente, wie die scenische Aufführung des Mendelssohnschen »Paulus« in Düsseldorf, über die sich Loewes Freund Calo an Ludwig Giesebrecht so entzückt äussert, sind unkünstlerische Spielereien, die die Hauptsache, das Tonwerk, zur Illustration des Bildlichen herabdrücken und weder der Musik noch dem Drama nützen.

Das Alles würde uns ohne Zweifel weniger fühlbar werden, wenn aus den Versen z. B. des »Johann Huss« ein starker Dichtergeist spräche, gross m Erfinden ungewöhnlicher Situationen wie im beflügelten Ausdruck des Worts. Aber solch' ein Mann war der Professor August Zeune nicht. Nicht dass sein Libretto so schlechtweg zu verwerfen wäre — o nein! Hat Robert Schumann es auch über Gebühr geschätzt, so enthält es doch manchen innig empfundenen und poetischen Vers, der sich der Musik gleichsam entgegenschmiegt, und einige glückliche scenische Einfälle, die einem Meister, der im decorativ Malerischen so gross ist wie Loewe, besonders erwünscht kommen mussten: das Zigeunertreiben im Walde beispielsweise und die Hirten mit ihren Heerden in der friedlichen Stimmung des Abends. Auch die Flammengeister, die Hussens Sterbliches verzehren, möchte ich davon nicht ausnehmen. Andererseits läuft aber so viel Triviales und Schiefes in dem Büchlein mit unter, dass man der Anerkennung sofort wieder einen Dämpfer aufsetzen muss. Oder hat es irgend welchen Sinn, wenn die Hirten das Abendroth (»Flammendes Roth, Bote der Nacht«) mit den Worten anrufen:

»Wende Gefahr ab und Noth,
Bis wir die Heerden zur Ruhe gebracht.«

Die Röthe des Abendhimmels soll Gefahr und Noth abwenden? Welch' ein Gedanke! Sehr undeutsch und unschön und des Jargons würdig, den wir in den deutschen Uebersetzungen ausländischer Operntexte anzutreffen pflegen, singt Hieronymus:

»Die Deutschen dir grollen,
Ob ihrer Vertreibung sie schmollen«.

So verrenkt kein wirklicher Dichter unsere Muttersprache. Und als es nun darauf ankam, den Stoff in der Sitzung des Concils mächtig zu gipfeln, da setzte der Verfasser ganz aus und begnügte sich mit einigen nichts bedeutenden Wortbrocken, die uns von der Bedeutung des Vorgangs kaum etwas ahnen lassen. Hier eben hätte sich der Stoff in ruhigen, grossen Massen vor uns ausbreiten müssen. Und gerade hier ist er unruhig zerknittert.

Da ist es um die Dichtungen Ludwig Giesebrechts doch ganz erheblich besser bestellt. Nicht immer fest genug in der Führung der Contouren, zeigt er sich in seinen Textdichtungen, wie er sich als Lyriker auswies, weich, oft verschwommen, innig bis zu zerfliessender Sentimentalität, geistvoll bis zum Grüblerischen, ein Symbolist, fast ein Mystiker. Das setzte ihn in den Stand, auch stark realistischen Stoffen eine idealistische Bedeutung aufzuprägen und sie, schon durch den melodischen Klang seiner Worte, in die musikalische Sphäre zu erheben. Mit wie frei gestaltendem Vermögen, in wie viel freieren und grösseren Linien, als Zeune, das beweist der (zur Feier der Enthüllung des Gutenberg-Denkmals in Mainz am 14. August 1857 componirte) »Gutenberg« (op. 55). Mit unleugbarem Geschick hat Giesebrecht für die Handlung dieses seines Oratoriums schon den richtigen Zeitpunkt gewählt: das Jahr 1462, da wider den gebannten Kurfürsten Diether Kurfürst Adolph von Nassau siegreich kämpfte und Mainz eroberte. Inmitten dieser Kämpfe steht der Erfinder der Buchdruckerkunst mit dem Herzen auf Adolphs Seite: eine fromme, der Welt und dem irdischen Gewinn abgewandte Seele; auf der Seite der Gegner der kühne und muthige Faust (Fust), dem der verarmte Gutenberg sein Geheimniss verkauft hat. Und wie nun Fausts sanfte Tochter Maria dem Herrn die erste Gabe »der neuen Kunst«, ein Psalmbuch, reicht, tragen die Gehülfen ihres Vaters die gedruckten Trutzbriefe »wider den Papst und den Kaiser zugleich« in die Lande hinaus. Böses und Gutes im harten Kampf. Der neue Kurfürst aber befiehlt, trotz des Gewinsels der Priester, die den Gottseibeiuns dahinter wittern, die Freigebung des Letterndruckes, auf dass Wahrheit und Lüge nicht mit ungleichen Waffen

Kopf des Stettiner Denkmals von H. W. von Glümer.
(Nach einer photographischen Aufnahme im Atelier.)

zu kämpfen brauchen, und die Jünger tragen die neue Offenbarung in die Welt hinaus mit dem etwas zu »faustisch« klingenden Chor:

        Brechet nun auf,
        Träger des Lichtes!
        Nacht ist ergossen,
        Bahnen erschlossen
        Zum hellstrahlenden Fackellauf,
während die Mainzer Bürgerschaft den Ruhm der Drususveste singt,
        Ueber des Rheines,
        Ueber des Maines
        Rebengehügel zur Warte erhöht.

Aber auch die sinnig und poetisch erfundene Handlung des »Gutenberg«, die in compacten Massen ganz im Gegensatz zu dem Zeuneschen »Huss« zusammengefasst ist, setzt Theaterdecorationen und eine theatralisch belebte Action voraus, und ganz wie ein Dramatiker ordnet Giesebrecht in seinen Regienotizen an: »Gutenberg allein auf der Strasse vor Fausts Hause«, oder »Chor bewaffneter Bürger, von Faust geführt, zieht die Strasse herauf« oder »Druckerlehrlinge kommen in Procession, mit Kerzen in den Händen, aus dem Hause des Faust; ein Buch wird vor ihnen hergetragen«. Das sind Dinge, die auf die Augen rechnen, denn die Musik kann uns von ihnen nichts verrathen.

Es wäre ja nun denkbar, dass die Musik uns über den Zwiespalt in diesem und den andren Oratorien hinweghülfe. Das aber thut sie nicht. Oft von der Kleinlichkeit der Texterfinder vom Schlage Zeunes selber zu Kleinlichkeiten verführt, wahrt sie doch den Oratorienstil immer so weit, sich gegen die Uebertragung auf das Theater zu sperren, und Alles in Allem ist sie trotz aller Einzelschönheiten nicht durchweg bedeutend genug um uns unbedingt zu sich heranzuziehen und über der Kunde, die sie anhebt, die Gefahren des Genres und die Schwächen der Textbücher vergessen zu machen.

Da erfreut uns zum Beispiel — nehmen wir den »Huss« — gleich in der Introduction, nachdem die einleitenden Tacte und die ziemlich fragwürdigen Prologworte verklungen sind, im Zwölfachteltact eine liebliche Pastoralweise:

Aber die Weise, so sehr sie uns anmuthet, macht uns doch in ihrer harmlosen Heiterkeit auch stutzen, und wir fragen uns unwillkürlich: was will sie hier, in der kurzen Einleitung zu einem Werke, das von der Inbrunst und Festigkeit des Glaubens, von den Qualen und dem Sieg eines grauenvollen Martyriums handelt? Die Antwort, die das Werk uns auf diese Frage giebt, lautet wenig befriedigend. Der liebenswürdige Satz gehört dem Chor der Hirten an »Weidende Heerden, eilet zur Ruh«, und für ihn taugt er vortrefflich. Was hat aber dies kleine Intermezzo, Hussens Wanderschaft, mit dem Thema des Werkes zu thun, dass es in der Einleitung seinen Platz verdiente? Nicht das Mindeste, und es bleibt kaum etwas anderes übrig als anzunehmen, dem Componisten habe die Melodie so gut gefallen, dass er sie schon in der Einleitung anklingen liess, und dass ihm die Frage nach ihrer inneren Berechtigung an dieser Stelle ebenso geringe Scrupel bereitete wie nach der äusseren — denn sie fügt sich dem Voraufgegangenen nur ganz locker an.

Im Uebrigen gehört der Hirtenchor an und für sich genommen zu den erquicklichsten Partieen des Ganzen, dessen Hauptreiz und Stärke ohnedies in den Chören liegt. Auch die Zigeunersätze, besonders der erste, der den zweiten Theil eröffnet, »Das weite Feld ist unser Zelt«, sind voll von bewegtem Leben und vortrefflich in der Stimmführung, ja die »Missa canonica«, mit der sich die frommen Väter in Constanz zu dem Verdammungswerk vorbereiten, ist sogar ein contrapunktisches Musterstück. Und wie Loewe mit den Geistern aller Elemente auf vertrautem Fusse lebt, so hat er auch, wie er es in der meisterhaften Composition der Triniusschen »Feuersgedanken« gethan, den Flammen eine seltsam tönende Zunge verliehen.

Dafür müssen wir nun aber auch mit so winzigen Einfällen, wie dem Thema des ersten Chors der Schüler und Studenten Prags vorlieb nehmen:

Oder mit dem Thema des Volkschors, unter dessen Klängen Huss den Weg zum Scheiterhaufen antritt:

Auch die Soli tragen ungleiche Züge. Huss selbst singt u. A. ein schönes, tiefempfundenes Arioso (»Hier an der Grenze füll' ich meine Hand mit böhm'scher Erde«), Hieronymus eine gut geführte Bassarie voll düsterer Energie. Viel Liebliches und Klangschönes bringt auch das Terzett des Märtyrers mit dem böhmischen Königspaare (»Sel'ger Glaube«) — aber überall begegnen wir auch landläufigen musikalischen Phrasen und zierlichen Melismen, in denen wir die Seele des Meisters und selbst seinen Geschmack vermissen.

Es ist gewiss ein merkwürdiger Beweis für die Wechselwirkung zwischen dem Textbuch und der Composition, dass es an solchen Dingen wie überhaupt an allem Kleinkram im »Gutenberg« völlig fehlt. Die Coloratur, mit der hier in den fugirten Sätzen nicht gespart ist, trägt doch fast immer den grossen Charakter unserer classischen Oratorienwerke, und der grosse Stil, der der Giesebrecht'schen Dichtung eignet, hat sich auch auf die Musik übertragen. Sie ist dafür allerdings kein ausgeprägter Loewe. Der allgemeine Ausdruck einer milden Würde in den Gesängen des edlen Helden gewinnt keine sonderlich individuellen Züge, und typisch bleiben die Chöre der Aufrührer, der Krieger, die unter dem Panier des heiligen Bonifacius streiten, und der besorgten Frauen, die vor Kurfürst Adolph mit Faust's frommer Tochter für das Schicksal ihrer Väter, ihrer Gatten und Söhne zagen. Es kommt keine seelische Regung in der Tonsprache zu kurz. Aber ein gleichmässig hoher Ton unterdrückt fast, wie in der »Zerstörung Jerusalems« das Persönliche und Mannigfaltige, das sich im »Huss« oft zu stark und störend hervorwagt. Doch blickt aus dem graziösen Satz, mit dem die Druckerknaben das Psalmbuch zur Kirche tragen, und der in seiner Einfachheit so voll von liebenswerther Unschuld ist, das reine Auge seines Meisters einmal klar und kenntlich hervor.

Dieser Geist einer holden Kindlichkeit beherrscht auch, nur noch reiner und geläuterter, die »Siebenschläfer« (op. 46), und bei der rührenden Einfalt der Fabel, der poetischen Feinfühligkeit, mit der Giesebrecht sie behandelt, bei der trefflichen musikalischen Arbeit, die Loewe daran gewandt, und der süssen Melodik, die uns die Art des Componisten gleichsam verklärt, und von allen Erdenschlacken frei zeigt, scheint mir dies Werk, einst vielleicht das bekannteste und verbreitetste Oratorium Loewes, auch das werthvollste zu sein. Bleiben die kleinen Bedenken gegen seinen, äusserlich genommen, theatralischen Charakter auch bestehen, so ist sein inneres Wesen, sein Geist doch allem Theaterwesen im schlechten Sinne fremd, und das Charakteristische bleibt, auch wo es sich in den kleinen Formen des Niedlichen äussert, immer edel. Dass die Weise des ersten Duetts (»Wo die Taube einsam trauert«) dagegen verstosse, vermag ich mit Bitter, der sie in seinem Buche citirt, nicht zu finden. Auch in dem Duett der Zwillingsknaben, dessen Thema Bitter beanstandet, äussert sich das Wesen des Kindlichen mit einer so bezaubernden Grazie, dass ich mir nichts Besseres an seiner Stelle zu denken vermöchte.

*Andantino.*
*Las - set in... die Stadt mich geh'n, Spei - se uns zu... kau - fen.*

Mit hinreissendem Schwung nimmt uns das Duett gefangen: Kraft und Pomp spricht

*Allegro.*
*Nach E - phe-sus in eu-re Hal-len, o kommt zu eu - rem eig - nen Haerd.*

aus dem bei aller Einfachheit so glänzenden Thema, das zuerst in der schönen Arie des Antipater auftritt (»Aber die Tage der Trübsal verschwanden«) und hernach vom Chor aufgenommen wird:

*Allegro maestoso.*
*The - o - do - si - us herr-schet fromm und ge - wal - tig.*

Der Psalm der Brüder »Herr Gott, du bist unsre Zuflucht für und für«, das Quartett mit dem Cantus firmus im Orchester »Erinn're dich, mein Geist, erfreut Des hohen Tags der Herrlichkeit«, das Sextett »Abendroth erhellt die Gipfel«, das »Entschlummern der Märtyrer«, sind poetisch wie musikalisch gleich schön, während der bewegte Volkschor mit dem Fugato »Von dem Feinde, von dem Perser ist der Knabe ausgesandt«, die Fugen »Auf, Proconsul, auf, ihr Männer«, und die besonders herrliche, von grossartiger weihevollster Kraft geschwellte »Bis einst die Posaune des Richters der Todten sie und uns in die Wolken entrückt«, der contrapunktischen Kunst des Meisters zur höchsten Ehre gereicht.

Von diesen vier Oratorien Loewes, die sämmtlich zu des Meisters Lebzeiten wiederholt erfolgreich aufgeführt worden, sind »Die Zerstörung Jerusalems«, das dramatischeste, und der »Huss«, das farbigste, aber auch buntscheckigste von ihnen, in ihrer Art ohne Nachfolger geblieben. Auch mit ihren Textdichtern, Nicolai und Zeune, hat Loewe sich nie wieder zu gemeinsamem Wirken verbunden. Wohl aber hat er von Ludwig Giesebrecht noch eine ganze Reihe solcher Dichtungen empfangen und unter ihrem Einfluss jenen eigenartigen Mischstil ausgebildet, der weder ganz für die Bühne, noch ganz für den Concertsaal, weder für das sichtbare noch für das unsichtbare Drama völlig taugte und der für das Schicksal dieser Werke verhängnissvoll geworden ist. Drei unveröffentlichte Oratorien, »Palestrina«, »Polus von Atella« und »Der Segen von Assisi« sind es vor Allem, die für diese Gattung, die man geradezu die Loewe-Giesebrecht'sche nennen kann, besonders in Betracht kommen.

Zunächst der »Palestrina«. Muthet uns der Name des grossen Meisters schon wie Musik und als eine günstige Vorbedeutung für das Werk an, so ist sein Inhalt doch für die Kunst, die es verherrlicht, allzu doctrinär, und seine Form- und Versbehandlung gezwungener und manierirter als sonst bei Giesebrecht. Im äusseren Arrangement wieder ganz bühnenmässig, führt das Libretto doch die Gegensätze, um deren Verkörperung es ihm zu thun ist, auch hier in symbolischen Chorgruppen vor, die mit der Realität des Theaters wieder nichts zu thun haben: eine Taktik, die uns in den Loewe-Giesebrecht'schen Werken noch öfter begegnen wird. Jesuiten, die nach Japan ziehen, päpstliche Krieger, die die Galeeren aufsuchen, um im Türkenlande »zu brennen, zu verheeren« (Lepanto), Lutheraner, die unter dem Schutz des Augsburger Religionsfriedens mit ihrer Habe auswandern, sie bezeichnen den Hintergrund, auf dem sich die eigentliche Handlung abspielt: Palestrina's Eingreifen in die Berathungen des Tridentiner Concils über die Stellung, die der Musik im Gottesdienst anzuweisen sei. Von seinem Gönner, dem Cardinal Carlo Borromeo berufen, soll er entscheiden, ob die Väter Recht haben, die die »Gauklerin Kunst vom Altare« verbannen wollen, oder jene, die die Läuterung der Gregorianischen Kirchenmusik für möglich halten. Palestrina's Antwort war die Missa Papae Marcelli, mit der der dritte Theil in der Peterskirche zu Rom beginnt, während Pius der Vierte im Kreis seiner Cardinäle auf dem heiligen Stuhle thront und Palestrina's Gattin Fiametta und die Winzer vom Coelius, die wir schon im ersten Theil kennen gelernt, in einer der Kirchenthüren lauschen, um doch an den musikalischen Ensembles Theil nehmen zu können: eine Opernausflucht. Sie dringen sogar, als die Geistlichkeit, von den »reinen Gottesklängen« ergriffen, dem neuen Werke den Segen ertheilt, in den Dom selbst und feiern dort in etwas gezierten Worten den »Frühling der Kirche«, aber auch mit Frühling in der Natur, dem sie schon in dem Einleitungschor des Werkes ihre dort besser als hier angebrachte Huldigung erwiesen:

O dem des Frühlings, we-he und we-be, Thrä-nen ent-lockst du dem Au-ge der Re-be, Thrä-nen der Lust, Thrä-nen der Lust.

Schön fügt sich dieser heitren, sonnigen Weise Fiametta's wie mit breiten Flügelschlägen auf-schwebender Satz:

Man glaubt den Früh-ling der Kir-che, nun hab' ich dich fun-den.

Abglanz des italienischen Himmels darin wahrzunehmen, wie in dem Beginn des Duetts zwischen Palestrina und seiner Frau im ersten Theil:

Von des Ge-birges hell son-ni-gen Stir-nen rie-seln die Was-ser her-nie-der in's Feld.

Aber nicht nur diese lichten und leichten Partieen, auch die dunklen und schweren sind dem Componisten wohl gerathen: der Glaubenseifer der jesuitischen Missionen, die Brutalität der Soldateska, die asketischen Anwandlungen des Clerus, der von der Musik in der Kirche nichts wissen will; und keusch, ernst und weihevoll stehen inmitten dieser Gegensätze des erhabenen Meisters von Praeneste eigene Schöpfungen: das Ave Maria und die Marcellus-Messe. Freilich wollen sie sich dem Ton der Sätze Loewe'schen Ursprungs nicht recht anpassen, und zu einer Einheit schliesst sich auch das Vielerlei dieser selbst nicht zusammen. Wie das Textbuch gekünstelt und gequält ist die Musik zwar durchaus nicht, aber es giebt auch auf dem Oratoriengebiet von Loewe grösser empfundene und ausgeführte und vor Allem stilistisch gleichmässigere Schöpfungen. Und so oder so: dem Ganzen (Text und Musik) fehlt der unmittelbar fortreissende Zug, und was die Partitur Schönes enthält, das hätte man in den Dienst eines anderen Problems als der theologischen Doctorfrage nach der Zulässigkeit der Musik bei dem Messgottesdienste gestellt zu sehen gewünscht.

Der (nach einer eigenhändigen Notiz des Componisten auf dem letzten Blatte der Partitur) am 1. August 1856 begonnene und am 26. September 1859 vollendete »Polus von Atella« behandelt die ergreifende Bekehrung des Possenreissers aus dem altitalischen Schilda, die vor etwa zwanzig Jahren bereits Hans Herrig, der verstorbene Dichter des vielgegebenen Lutherfestspiels in seinem »Geminianus« und nach ihm Felix Weingartner in seiner Oper »Genesius« für die Bühne gestaltet hat. Wenn Giesebrecht vor dem grossartigen Wagniss, über den Gaukler mitten in seinem Komödienspiel den christlichen Prophetengeist kommen zu lassen, auch zurückgeschreckt ist und

Carl Loewe.
(Nach einer Photographie.)

sich im Gesensatz zu vielen seiner übrigen Dichtungen mit einem ziemlich losen Nebeneinander der Gegensätze (des heidnischen Rom im Anfang des zweiten Jahrhunderts und der jungen Christengemeinde) begnügt hat — so ist ihm doch die Hauptscene schön gelungen. Es ist die Taufe des Polus im Tiberstrom, der der Caesar, Volk und Senatoren vom Abhang des Palatin in der Meinung beiwohnen, es gäbe ein lustiges Schauspiel. Aber

aus dem erwarteten Spott wird bittrer Ernst. Anstatt den greisen Bischof zum Besten zu haben, vollzieht der junge Polus in seine Hände eine regelrechte abrenunciatio diaboli, und als ein Wiedergeborener, als Paulus, nicht mehr als Polus, steigt er aus der Fluth empor — um sogleich auch dem Gericht zu verfallen. Unerschrocken tritt er dem ergrimmten Kaiser mit der Weissagung in den Weg: »Christi Stunde wird dich fassen Und sie reisst dich mächtig fort« — und der Feuertod wird sein Loos. »Christi Saaten, wie sie reifen«, sagt der Dichter schön, »Christi Sichel blinket hell«, und während Mutter und Schwester den Bekehrten segnen, der nun zu den Ihren gehört, endet die Choralmelodie das Werk, wie sie es eröffnet hat: »Jerusalem, du Gottesstadt« (»O heil'ger Geist, kehr' bei uns ein.«)

Der musikalische Werth des »Polus« beruht merkwürdiger Weise weniger auf dem christlichen als dem heidnischen Element. Jenem fehlt es zwar nicht an Ernst und Wärme, und die Schwermuth des jungen Atellanen, die sein Herz der neuen Lehre zureift, ist in seiner Cavatine im zweiten Theil anziehend und fesselnd geschildert:

Die echten, nur ihm eigenthümlichen Töne schlägt aber Loewe erst an, wenn es die »panem et circenses« schreiende Menge oder das Gauklervölkchen zu schildern gilt, das auf Eseln und Karren in die heilige Roma seinen Einzug hält. Solche Klänge kennen wir bereits aus dem Getümmel des Augsburger Reichstages (in »Max und Dürer«) und dem Messwirrwarr im dritten Theil der Trilogie vom »Mohrenfürsten.« Leicht und windig singen die Clowns auf ihrem Grauthier ihr (an ein Thema aus »Der Blumen Rache« erinnerndes) luftiges und lustiges Evangelium in den Tag hinein: »Esel fort, auf deinem Rücken sollst du leicht mich vorwärts tragen.« Das Volk strömt lachend und lärmend aus dem Amphitheater, und die Menge jauchzt, wenn sie ihres Günstlings gedenkt:

Da ist Loewe in seinem Element. Da erwacht der Balladencomponist in ihm. Und auch der Schalk, der Humorist regt sich, denn wenn das Volk durcheinander schreit: »Klatschte der Caesar doch, rief der Senat dir Beifall und Lob zu!«, dann lässt er die Pauken zweimal rasch nacheinander drei kräftige Schläge thun und schreibt daneben in die Partitur »Imperatoris manus« (die Hände des Kaisers).

Endlich gehört auch »Der Segen von Assisi«, dessen Composition Loewe unvollendet zurückgelassen, zu dieser Gruppe. Die gleiche bühnenmässige und doch nicht völlig theatralische Behandlung des Stoffes, dieselben symbolisirten Chöre (hier sind es Kreuzfahrer, Einsiedler, Krankenpfleger, Pilger und Pilgerinnen) und in ihrer Mitte (im ersten Theil) der junge Franciscus auf der Wandrung nach dem Heil, das ihm himmlische Chöre im Traum weisen. Mitten in der Weltlust bekommen wir den Heiligen nicht zu sehen (so wenig wie in dem »Franciscus« von Tinel, der ihn auch nur von der harmlosesten Seite zeigt), und der tiefe psychologische Reiz seiner Umwandlung gebricht dem Werke damit leider. Der Textdichter zeigt ihn uns lediglich im Kampfe mit seinen Eltern, die ihn für die Welt und den Ehestand gewinnen wollen und es doch erleben müssen, dass er Christus und die Armuth erwählt. Im dritten Theil sehen wir die im zweiten noch verfallene Capelle des heiligen Damian von den Bettlern Christi bereits wieder aufgerichtet; die Eltern und die Einwohner von Assisi sind in sich gegangen und beeifern sich Hab' und Gut für die Armen zu opfern; der Orden der Clarissinnen wird gestiftet, und unter Glockenklang, während Franz die Stadt segnet, endet das Werk — oder sollte es enden — denn schon in der ersten Hälfte des dritten Theil hören Loewes Aufzeichnungen in dem, auch bis dahin nur lückenhaften Clavierauszug auf. Immerhin hat er soviel vollendet, dass der Charakter der Composition klar zu Tage tritt. Nach Runze soll sie vielleicht das tiefste unter allen Loewe'schen Werken sein und die Arie des Franciscus im ersten Theil so »köstlich« sein, dass sie unter den Arien des Meisters, die er vor einigen Jahren herausgegeben.

»die edelste Perle« sein würde, wenn sie sich darunter befände — denn das thut sie nicht. »Der Segen von Assisi« ist diesem um Loewes Ruhm so redlich besorgten und für seine Wiedererweckung so thätigen Manne erst später bekannt geworden — ich glaube jedoch, nicht zum Schaden für seine Ariensammlung. Denn von der angeblichen Tiefe lässt sie uns so wenig schauen wie die übrigen Sätze des Werkes auch, das vielmehr ohne Härte das weltlichste und äusserlichste der Loeweschen Oratorien genannt werden darf. Das ist an dem ernsten Gegenstand gemessen, gewiss ein schwerer Tadel — aber der Anfang jener Arie, deren Harmonie leicht zu ergänzen ist, mag ihn erhärten.

Und diese Arie fliesst wohlbemerkt nicht etwa von den Lippen und aus der Seele eines frischen Weltkindes, sondern eines Jünglings, der die Sterne seine »Brüder« nennt und der mit einem Gebet um frommen Schlaf entschlummert. Solche Töne anzuschlagen gesteht man allenfalls seinem irdisch gesinnten Vater Bernadone zu, der auch wirklich ausgiebigen Gebrauch davon macht, wenn er in seiner Arie im zweiten Theil die Weise anstimmt:

Taugt aber für die Kreuzfahrer eine Melodie wie die folgende? Ja, taugt eine solche Melodie überhaupt in einen vornehmen Concertsaal? Ich wüsste diesen Sätzen wirklich nichts zum Lobe nachzusagen und meine höchstens, man sollte sie rasch wieder vergessen, um sich der unschätzbaren Gaben, die wir dem grossen Componisten so reichlich verdanken, desto ungestörter zu erfreuen. Er schrieb den »Segen von Assisi« im Zustande geistiger Ueberreiztheit, kurz vor seiner schweren Erkrankung im Februar 1864 — das entschuldigt Alles. Und seine unerschöpfliche Urne durfte auch einige Nieten enthalten.

Von diesen Giesebrechtschen Oratorien-Opern zu den ausgesprochen biblischen, wenn auch nicht geradezu geistlichen Oratorien Loewes schlägt ein Werk die Brücke, an dessen Stoff die theologische Deutung schwer gesündigt hat: das »Hohe Lied Salomonis«. Leider hat der Verfasser des Textbuches (Wilhelm Telschow) es nicht verschmäht, die thörichte Verirrung zu der seinen zu machen, und so muss ich wohl wirklich, nachdem wir durch drei lange Abtheilungen »des Liebestammelns Raserei« mit angehört haben, die girrende Taube Sulamith zur liebenden Gemeine und der Bräutigam zu

Christus werden: in einem unerquicklichen Epilog, an dem auch Loewe mit seiner Musik gescheitert ist. Halbwegs ist er das freilich auch an der eigentlichen Handlung — wenn man ein dialogisches Hin und Wieder so nennen darf, das zwar äusserlich dramatisch und wenn man will, theatralisch gehalten ist, das aber monoton auf einem einzigen Thema verweilt: der Sehnsucht ungestillter Liebe, und zwar einer Liebe sinnlichster Art. Die Aufgabe selbst verhinderte eine ausreichende Lösung. Und die theologische Schrulle mag es nebenbei noch verhindert haben, dass der Componist für sein Werk die Töne fand, die hier einzig angebracht waren: die einer masslosen, einer berauschenden Ueppigkeit. Aber, wie es nun zusammenhängen und wie man es erklären mag — jedenfalls ist der in seinen Balladen in jeder ethnologischen Färbung bewanderte Tonmeister in dem »Hohen Liede« mit dem orientalischen Colorit sehr sparsam gewesen. Er hat zwar sein Orchester um das Glockenspiel, das Tambourin, die kleine Trommel und Triangel bereichert, aber die Motive selbst führen nichts vom Orient mit sich; sie bleiben germanisch und nicht einmal specifisch Loewisch. Oder wo steckte das Orientalische in dem schönen Hirtenchor:

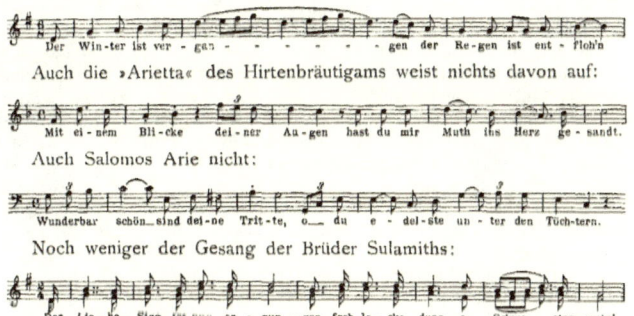

Auch die »Arietta« des Hirtenbräutigams weist nichts davon auf:

Auch Salomos Arie nicht:

Noch weniger der Gesang der Brüder Sulamiths:

Weit eher liessen sich orientalische Formen und Farben in dem gefälligen Chor nachweisen:

Und der Geist des Orients, nicht nur seine äussere Hülle, regt sich in zwei ungemein anziehenden Sätzen, deren Reiz im Ganzen, nicht in ihren einzelnen Motiven beruht. Sie fallen beide der Heldin zu. »So lange der König verweilt bei dem Mahle« und Sulamiths folgender Gesang »Die Ceder dient dem Heiligthum« ist das eine Stück; das andere die »Traumerinnerung« (wie Loewe in der Partitur den Satz überschrieben) der von den Hirten zurück nach Baal-Hamon Wandernden: »Auf meinem Lager die Nacht hindurch sucht' ich, den meine Seele liebt; ich suchte ihn und fand ihn nicht.«

Waltet hier die Poesie Israels mehr in Worten als in Tönen, so tritt wie in der »Zerstörung Jerusalems«, den »Siebenschläfern« und den nachgelassenen Oratorien Giesebrechtscher Dichtung das christliche Element wieder stark und bedeutsam, nicht nur als Hülle, sondern als Seele in zwei der merkwürdigsten, ganz und gar eigenartigen Oratorien zu Tage: in der »Ehernen Schlange« (Op. 40) und den »Aposteln von Philippi« (Op. 48). Doch sind sie eben so wenig wie jene anderen »geistliche« Oratorien. Sie greifen vielmehr nach allen Mitteln »weltlicher« Darstellung, sind, wie wir es von Giesebrecht schon nicht anders gewohnt sind, ganz dramatisch geformt und scheuen sich sogar vor einem so lebenslustigen Thema nicht, wie es die Griechen in den »Aposteln«, dionysisch erregt, singen:

In dieser Beziehung weichen sie also von den bis jetzt erwähnten Oratorien Loewes und denen anderer älterer und neuerer Meister nicht ab. Ihre Eigenthümlichkeit besteht vielmehr darin, dass sie lediglich für Männerchöre und -Soli geschrieben sind und auf jegliche Begleitung, sei es Orchester, Orgel oder Clavier, verzichten — verschwindende Ausnahmen abgerechnet, in denen, wie in dem eben citirten Griechenchor, zu den Singstimmen Oboen und Flöten ad libitum, oder zu den Gesängen der Christen in den »Aposteln« oder der Leviten in der »Ehernen Schlange« die Posaunen treten. Und das geschieht nicht etwa in Werken von ruhig betrachtender Art; nein: Vorgänge, wie sie lebhafter und lauter gar nicht gedacht werden können, hat der Componist mit so einfachen Mitteln, die vor der Gefahr der Monotonie kaum zu bewahren sind, darzustellen unternommen und in Anbetracht dieses kargen Rüstzeugs wahrhaft überraschend dargestellt. Denn in den »Aposteln von Philippi« handelt es sich um nichts Geringeres als um die Befreiung des Paulus und seiner Jünger Silas und Timotheus aus dem Gefängniss durch das von Gott gesandte Erdbeben, das Thore und Mauern sprengt. Eine Weissagung der Manto »Die Erde unter Euch wird beben, und Hellas' Söhne werden frei« lässt die Griechen hoffen, dass mit diesem Erdstoss auch ihre politischen Ketten fallen. Aber markig und trotzig treten die Römer (die Colonen, die Lictoren, der Senat) ihnen gegenüber, während die Christen in gläubiger Ruhe auf die Festigkeit der Kirche des Heilands bauen, bis ein mächtiger sechsstimmiger Satz mit dem Fugato »Tauft sie dem Vater, dem Sohne, dem Geist« die seltsamen Verwirrungen abschliesst.

Nach Giesebrechts Art, der auch diesen Text wie den der »Ehernen Schlange« geschrieben, ist das Alles durchaus scenisch gedacht und angeordnet, so sehr, dass mit diesem Werke von allen Oratorien Loewes am ehesten der Versuch einer scenischen Aufführung gewagt werden dürfte. Dafür stellt das Werk aber an die Zahl, den Stimmklang, das Gehör und die Praecision der Sänger so ungewöhnliche Anforderungen, dass man sich fragen muss: wo die Ausführenden finden, die diese Chöre nicht nur aus dem Gedächtniss wiederzugeben, sondern auch, da ihnen die Basis der instrumentalen Begleitung fehlt, ohne bedenkliche Detonationen zu Ende zu führen im Stande wären? Ist diese Aufgabe doch schon bei einer blos concertmässigen Aufführung, also unter günstigeren Verhältnissen, da die Sänger nicht auch noch durch das scenische Spiel in Anspruch genommen und von ihren musikalischen Pflichten abgezogen werden, eine so schwierige, dass ein vollkommenes Gelingen immer ein Glücksfall sein wird. Immerhin scheint es dem eigenartigen Tonwerk öfter beschieden gewesen zu sein, zum Mindesten bei der Aufführung in Jena am 13. August 1835. Denn hätte es irgendwo störend gemangelt, so hätte der Berichterstatter in Robert Schumanns »Neuer Zeitschrift für Musik« wohl nicht so begeistert »an die Aufführung des Oratoriums unter der Leitung des genialen Componisten« zurückdenken und fortfahren können: »Und noch jetzt, bei dem Durchspielen und ruhigen Durchschauen der Partitur möchten wir ihm herzlich die Hand dafür drücken, dass er im Stande war, mit den geringsten Mitteln, welche die Tonkunst bietet, ein Werk herzustellen, das ein inneres Leben offenbart, wie es das musikalische Drama selten und das Oratorium fast nie darbietet«. Das ist erfreulich zu hören, und der Verfasser des Berichts (C. F. Becker) urtheilt nur zutreffend, wenn er sagt: »Wenige unter allen Tonsetzern würden ein solches Unternehmen zu Ende gebracht haben, wenn sie es auch mit Liebe begonnen hätten . . . Doch Carl Loewe, der sich seit seinem ersten Auftreten gern eigenthümliche Pfade wählt und sich so glücklich in dem für Künstler Unmöglichen zu fühlen scheint, löste die Aufgabe mit Kraft und Gewandtheit.« Sehr wahr. Aber heutzutage, da wir das werthvolle Werk leider vergessen sehen, wird auch das Bedauern darüber verstattet sein, dass Loewes grosser und kühner Geist aus einer gewissen romantischen Abenteuerlichkeit ein complicirtes Kunstwerk unter den schwierigsten Bedingungen auszuführen unternahm, da ihm doch die üblichen Mittel, Orchester und gemischter Chor, oder sei es immerhin der Männerchor allein, nicht versagt waren. Das ähnelt doch den Versuchen, das Vater Unser in einen Kirschkern zu schnitzen, auf ein Haar. Und schliesslich hat der Componist den Zweck, den er neben seiner genialen Lust an dem Bestehen eines ausserordentlichen Wagestücks noch verfolgt haben mag, nicht einmal erreicht. Denn anstatt den Männergesangvereinen die Aufgabe praktisch zu erleichtern, hat er sie ihnen nur erschwert. Die »Apostel von Philippi« hätten unter Heranziehung des Orchesters ihren Siegeslauf vermuthlich bis auf unsere Zeit gebracht, während »das grösste und erhabenste aller bisher für Männerstimmen erschienenen Werke«, wie Loewes Freund Keferstein es nach der Jenaer Aufführung nennt, jetzt kaum einem Hundertstel aller Liedertäfler auch nur dem Namen nach bekannt ist. Leider! Da wäre wirklich ein Versäumniss gut zu machen. Und dasselbe gilt mutatis mutandis auch von der »Ehernen Schlange«.

Von diesen beiden reinen Vocaloratorien führen ein grösseres Oratorium mit Orchester, der »Hiob«, und drei kleinere nur mit Clavier- oder Orgelbegleitung dem Inhalt und der Behandlung nach zu den rein geistlichen und noch mehr kirchlichen Oratorien »Die Festzeiten« und das »Sühnopfer des neuen Bundes« hinüber. Die letzteren sind: »Die Heilung des Blindgeborenen« »Die Auferweckung des Lazarus« und »Johannes der Täufer«. In der Anordnung des Stoffes, die die musikalische Gestaltung unmittelbar beeinflusste, unterscheiden sie sich von allen übrigen Oratorienwerken Loewes sehr wesentlich dadurch, dass sie sich nicht lediglich in dramatischen Formen halten, sondern epische Partieen (die Erzählung der Bibel) einschalten oder zum Gerüst ausbauen, das die Handlung trägt. Dabei gewähren sie der erbaulichen und betrachtenden Lyrik in Chor- und Solonummern einen breiteren Platz und nähern sich damit dem Wesen der Passionsmusiken, aber auch den Oratorien Händels.

Bedeutende Einfälle überall. So in dem (nicht veröffentlichten) »Hiob«, dessen poetisch nicht einwandfreier Text von demselben Wilhelm Telschow herrührt, der für Loewe auch das »Hohe Lied« und das »Sühnopfer des neuen Bundes« bearbeitet hat, die Composition der überwältigenden Verse, die aus dem alten Testament in das Libretto fast wörtlich übernommen sind: »Wo warst Du, da ich die Erde gründete? — Wer schloss das Meer in seine Pforten ein, da es hervorquoll aus der Mutter Schooss? Wer legte Wolken ihm als ein Gewand an und wickelt's ein in Dunkel wie in Windeln?« usw. Da setzt Loewe mit der ganzen Kraft seiner Deklamation ein. Der Chor singt die Stimme des Herrn, zuerst unisono, während später der Altchor und die übrigen Stimmen hinzutreten, von dem »Heilig« der Engelschaaren unterbrochen, indess die drei Posaunen der Begleitung das rechte Orchestercolorit verleihen. Es ist der bedeutendste Abschnitt der Partitur und würde seiner Wirkung überall sicher sein. Aber wir müssen uns dafür auch am Schlusse des ganzen Werkes mit einem in unerschöpflichen Rosalien (für die Loewe überhaupt eine gewisse Vorliebe hat) verfolgten Thema dieser Erfindung zufrieden geben:

Loewe lässt es zuerst in allen Stimmen aufwärts, dann abwärts steigen:

Dann kehrt er es gar noch um und führt es wiederum durch alle Stimmen hindurch, bis das erste Thema von Neuem einsetzt. Es ist schade! Aber wir können solchen Seltsamkeiten bei dem Meister oft begegnen, und die Wahrheit verlangt, dass wir unser Auge dagegen nicht verschliessen.

Erinnert der »Blindgeborene« (op. 131) in seinem musikalischen Ausdruck an Loewes dramatisch angelegte Oratorien, so ist der Geist des Lazarus (op. 132) lyrischer und melodischer, während der (unveröffentlichte) »Johannes«, dessen Text der Componist sich selbst zusammengestellt hat, im Stil merkwürdigerweise am wenigsten »geistlich«, vielmehr so zierlich-gefällig ist, dass wir von dem herben Essäerthum des finstren Predigers in der Wüste nichts spüren. Ja, so wenig nach innen und in die Tiefe war hier des Meisters Blick gerichtet, dass er sich sogar verlocken liess, dem Ganzen eine Einleitung vorauszuschicken, die, wie er erklärend bemerkt, »den Lauf des Jordans andeutet, der vom Libanon bis Bethsaida herab die Persönlichkeiten des Oratoriums abspiegelt« und die demgemäss äusserlich ausgefallen ist: über dem Flussbett orgelpunktgleich gehaltener Bassnoten (Reminiscenzenjäger werden vom »Rheingold« reden) eine lebhafte Wellenbewegung, die in der Musik bekanntlich fast immer das gleiche Antlitz trägt:

Von dem Vorlaufer des Messias zum Messias selbst, von dem Täufer zum Heiland — und damit stünden wir vor den specifisch christlichen Oratorien Loewes und auf kirchlichem Boden. Ueber die Entstehung der »Festzeiten« (op. 66) hat Loewe selbst in einer kurzen Einleitung zu dem Werke Aufschluss gegeben. Grösstentheils aus Worten der Bibel zusammengesetzt, wechselt der Text zwischen der Prosa Luthers und Versen von sehr ungleichem Werth, deren bessere Giesebrechts Vaterschaft nicht verleugnen. Seinem Zwecke entsprechend, die grossen Kirchentage musikalisch zu verherrlichen, verzichtet es auf eine fest zusammengeschlossene Handlung und behandelt auch seine acht einzelnen Theile durchaus selbstständig, so dass ein jeder für sich aufgeführt werden kann: Advent und Weihnachten (die zusammen die erste Abtheilung bilden), Fasten, Charfreitag und Ostern (die zweite Abtheilung), Himmelfahrt, Pfingsten und Trinitatis (die dritte Abtheilung). Mit den Solostimmen, welche »die ipsissima verba der heiligen Schrift einzuführen haben, wechselt der Chor als christlich theilnehmender Erzähler«, katholische mit protestantischen Elementen, streng geführte Fugen mit den zwanglosen Ergüssen einer melodiefrohen innig-gläubigen Seele, und da die Composition des Ganzen sich über den Zeitraum von zehn Jahren erstreckte (von 1825 bis 1836), wird man schon aus diesem Grunde nach einem einheitlichen Gepräge in ihr nicht suchen wollen. Die letzte Originalität des Meisters darzuthun, war der Stoff nun einmal nicht geeignet, und bei aller Lieblichkeit der Weihnachtsscene, bei allem Ernst und aller schmerzvollen Tiefe der Charfreitagsschilderung werden wir die Engels-Verkündigung aus Händels »Messias« und den Jammer von Golgatha, den Johann Sebastian Bach uns miterleben lässt, darüber nicht vergessen können. Aber die imposanten Chorfugen »Und das Wort ward Fleisch«, »Darum hat ihn auch Gott erhöhet«, »Ehr' sei dem Vater und dem Sohn« nöthigen ebenso sehr zum Respect, wie sie uns (zumal die letzte) in den Bann eines hochgesinnten Geistes, eines gross empfindenden Herzens schlagen. Das Anziehendste bescheert uns Loewe aber auch hier, wenn er sich um die Form nicht allzu sehr kümmert, sondern seinen Gott preist, wie ihn der Kindersinn unterweist, den er sich bis ins hohe Alter bewahrt hat.

Dann spürt er nicht einmal, dass eine tiefempfundene Stelle im Advent an »Gott erhalte Franz den Kaiser« anklingt:

Dann lässt er hell und heiter mit fast weltlicher Freude den Chor singen:

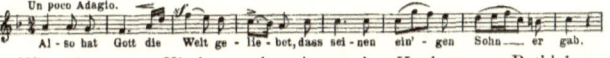

Wie mit süssem Kindermund preist er den Knaben von Bethlehem:

Und der Balladengeist, der die äusseren Vorgänge so gut wie die inneren begleitet und illustrirt, kommt über ihn, wenn die Frauenstimmen den Ostermorgen vor uns heraufführen:

Auch in dem neuerdings von Wellmer herausgegebenen nur von dem Streichquartett begleiteten »Sühnopfer des neuen Bundes«, einem Passions-Oratorium, das sich aus erzählenden, lyrischen und dramatischen Elementen zusammensetzt, am Grabe des auferweckten Lazarus beginnt und mit der Grablegung Jesu endigt, sind die Gesänge der Liebe und des Mitleids die schönsten und musikalisch werthvollsten: das Alt-Solo »Ach seht, der Allen wohlgethan«, die Sopran-Arie »Sein Auge, das mich angeblickt voll Gnaden«, während die Chöre denen der »Festzeiten« nicht gleichkommen und der gross angelegte letzte »Der Tod ist verschlungen in den Sieg« durch eine allzuleichte Phrase, die man ausmerzen zu können wünschte, an seiner tiefen Wirkung gekürzt wird. Es ist die im Fugato behandelte Stelle: *Der uns den Sieg ge-ge-ben hat, der uns den Sieg ge-ge-ben hat*

Dass aber der Wiederbelebung dieses Werkes weit mehr noch als der »Festzeiten«, nach der einige begeisterte Anhänger Loewes seufzen und um deren Ausbleiben sie klagen, der riesige Schatten Bachs und sein unsterbliches Passionswerk hindernd in den Weg treten, das ist nur natürlich, und daraus sollte man den Musikern und den Concertvorständen keinen Vorwurf machen. Anspruch auf ewige Dauer kann auch das Herrlichste, was der Menschengeist geschaffen, nicht erheben, und seine Tage überlebt immer nur, was sich in dem Kampf ums Dasein, der sich auf künstlerischem Gebiet so gut wie auf allen übrigen abspielt, als das Stärkere zu halten vermag. Nicht als käme jeder Künstler und jedes Kunstwerk stets auch zu den Ehren, die sie verdienen, und mancher Lärmmacher verdrängt im Leben die stillere und vornehmere Künstlernatur. So ist es gewiss auch Loewe ergangen. Die innere Stärke aber giebt den Ausschlag, und wem diese fehlt, dem wird auch keine lange Dauer über den Tod hinaus beschieden sein. Glücklich, wessen Name sich zum Mindesten, mit Ruhm genannt, auf die Nachwelt rettet. Und von Loewe lebt Gott sei Dank weit, weit mehr als nur sein Name. Aber es ist kein Zufall, dass seine Balladen blühen, während seine Oratorien vergessen sind. Das, wodurch er stark, wodurch er einzig war, ist geblieben und wird bleiben. Das Feld, auf dem er Andren weichen musste, haben diese Andren behauptet, und über seiner Saat keimt eine neue. Ich glaube, der tüchtige, schaffensfrohe Mann, der mit Erfolgen auf dem Gebiet des Oratoriums zu Lebzeiten gewiss nicht verwöhnt worden ist, und der doch so gern und warm anerkannte, was Andre geleistet, würde sich darüber nicht wundern, wenn er aus dem unentdeckten Lande wiederzukommen vermöchte, und seine Jünger würden es sich gefallen lassen müssen, wenn er sie in seiner Bescheidenheit beschämte. Immer natürlich die Anlegung des höchsten Maassstabes vorausgesetzt, denn es wäre unschicklich, Loewe mit einem geringeren zu messen! Er, dem die künstlerischen Eingebungen in Schwärmen kamen, erfreut uns damit fast immer, auch wenn er einmal irrt, auch in seinen Oratorien, und neben ihrem warmblütigen Leben erscheinen alle Künste auch der geübtesten Routine todt. Aber ein Werk omnibus numeris absolutum konnte ihm Kraft seiner Eigenart nur auf einem andren Gebiet gelingen.

Bei dieser Betrachtung ist ein nur handschriftlich erhaltenes Oratorium noch unberücksichtigt geblieben, nicht weil es eine besondere Aufmerksamkeit nicht verdiente, sondern weil es mehr als alle ähnlichen Werke Loewes opernmässig zugeschnitten und so völlig für das Auge geschrieben ist, dass man sich wundert, warum Textdichter und Componist es nicht geradewegs dem Theater zugeführt haben. Es ist »Der Meister von Avis«, bildet den passendsten Uebergang zu Loewes Opern und beweist uns leider auch, warum diesen der rechte Bühnengeist und die Fähigkeit vom Podium zu wirken hat fehlen müssen.

Loewe-Denkmal (von Fritz Schaper) zu Kiel.

»Der Meister von Avis« (abermals ein Giesebrecht'scher Text) ist nichts als die völlig opernhafte Umgestaltung eines der schönsten und ergreifendsten Dramen Calderons, des »Standhaften Prinzen«. Schon die Scenerie ist so genau beschrieben, dass man sie auf der Bühne vor sich zu sehen glaubt. So im ersten Akt: »Lustschloss des Königs von Fez, von einem Garten umgeben, zwischen dem Meer und dem Gebirge. Im Garten sind christliche Sclaven mit mancherlei Arbeiten beschäftigt.« Wir sehen die Sultanstochter »in der Abenddämmerung mit ihren Dienerinnen auf den Altan des Schlosses treten«. Wir sollen uns im zweiten Theil den königlichen Palast zu Fez »auf einer terrassirten Anhöhe« denken und »in der Mitte auf einer Terrasse den Meister von Avis in Sclaventracht schlafend«. Wir sehen einen Hochzeitszug, wir sehen — das heisst wir sollen ihn sehen — im dritten Theil »den Geist des Meisters von Avis im Ordensmantel mit einer Fackel in der Hand. Ihm folgen Diego mit einer Schaar Ordensritter und König Alfonso an der Spitze eines portugiesischen Heeres, in dessen Mitte Tarudant, Phoenix und ihr marokkanisches Gefolge als Gefangene«. Also lauter Dinge, die die Musik darzustellen allein nicht entfernt im Stande ist. Warum sie dann aber dem Auge vorenthalten, für das sie geschaffen sind? Warum, da auch die Beziehung eines Theils dieser Menschen und Dinge zu dem eigentlichen Thema die allerloseste, an und für sich ohne sonderlichen Reiz und darum der Schaustellung doppelt benöthigt ist? Im Schauspiel, dargestellt, mag uns unterhalten, was uns ungesehen gleichgültig lässt (Phoenix' Spiel mit ihrem Spiegel, ihre Liebe zu Tarudant) und was uns selbst bei Calderon nur halb interessirt. Wie aber soll nun gar im Oratorium eine Scene wie diejenige wirken, wo Phoenix und ihr Bräutigam im Lustgarten im Vollgefühl der Lebensfreude und der Liebe an den bleichen, abgezehrten, dem Tode nahen Infanten streifen, der sich mühsam von seinem Lager erhebt, um die schöne Fürstin zu segnen? Das ist nur für den Gesichtssinn geschrieben, nur im Bilde darstellbar und wirksam und gehört eben darum nur auf das Theater.

Und dennoch wäre auch die Verpflanzung dieses Werkes auf die Bühne kaum zu empfehlen. Warum aber? Nicht weil es dort weniger wirken müsste als im Concertsaal — o nein! im Gegentheil —, sondern weil es auch dort nicht genug wirken würde: nicht genug in Anbetracht dessen, was die Bühne verlangt. Was bei einem so lebensvollen Werk wie den »Aposteln von Philippi«, die dem ständigen Theater ja doch nie zu gewinnen wären und die immer eine Seltsamkeit bleiben werden, bei einem seltenen Anlass, einer religiösen Feier etwa, den Eindruck erhöhen könnte (immer vorausgesetzt, dass die Sänger ihre schwierigen musikalischen Pflichten zu erfüllen im Stande wären) — das Wagniss einer scenischen Aufführung würde bei dem »Meister von Avis«, der von den Sängern und Sängerinnen nichts Ungewöhnliches und von dem Regisseur und Maschinenmeister nichts Unmögliches verlangt, nur aufdecken, woran es ihm zur Oper, aber auch woran es Loewe fehlt.

Das macht vielleicht ein Beispiel vor Allem klar. Wenn der Meister von Avis im ersten Theil (oder Act) mit dem König von Fez und seinen Schaaren von der Jagd zurückkehrt, dann huldigen ihm, der eine Tigerin bezwungen, die Christensclaven als ihrem Hort und ihrer Hoffnung, als dem Helfer, der ihnen die Freiheit bringen wird. Fernando aber antwortet in einer Arie mit einem Thema, das zuerst im Orchester von der Bratsche und den Bässen angestimmt und dann von der Singstimme aufgenommen wird:

Dies Thema erscheint nun im zweiten Theil in der bedeutsamen Situation wieder, die die Prinzessin von Fez, die von dem Meister manch' stilles Zeichen der Ehrerbietung, fast der Liebe erfahren, mit ihrem Erkorenen nach Marocco und in den Hafen des ehelichen Glückes führen soll: also in jener oben gekennzeichneten Scene. Man vergegenwärtige sich nun das Bild mit seinen scharfen Contrasten. Die beiden Liebenden, Phoenix und Tarudant, ganz ihrer Hoffnung voll. Da erhebt sich, während sie jauchzend dem Hafen zueilen, der Infant von seinem Lager, bleich, von Geisselschlägen wund, ein Bild des Todes — und die Verliebten prallen zurück. Er will die Fürstin segnen, aber der entsetzte und empörte Maroccaner stösst ihn zurück »Fort, du Jammerbild voll Qual und Pein!«, und die gutherzige Phoenix murmelt schaudernd vor sich hin: »Muss ich lebenswarm dem Tod begegnen!« Bei diesem Zusammentreffen des Lebens mit dem Tode sollten die Ausdrucksmittel kaum stark genug und von einem formvollen Gesang jedenfalls nicht die Rede sein können. Ein Schreckensruf der Königstocher, ein Wuthschrei des Fürsten von Marocco, und in erschütterndem Gegensatz dazu der milde, aber zitternde, todesmatte Sang des Infanten, der sogleich auch entkräftet auf sein Lager zurücksinkt. Aber von diesem Licht und Schatten ist in der Loewe'schen Musik an dieser Stelle nichts zu spüren. Statt recitativischer Mittel, wie man sie hier erwartet, die ruhige Sangesweise, die also gleichsam als Leitmotiv wiederkehrt. Dagegen wäre nun gewiss nichts zu erinnern. Man könnte es sogar als eine Feinheit loben. Was aber soll man dazu sagen, dass Phoenix und Tarudant in dieselbe Weise einstimmen? Das ist psychologisch schlechthin unmöglich, so unmöglich, wie der ruhige Fluss der Melodie überhaupt (ruhig trotz des Allegro fugitivo), die von der Erregung der beiden Mauren auch gar nichts widerspiegelt. Selbst für den Concertsaal mit dem nur gesungenen, nicht auch dargestellten Oratorium, das uns das Drama immer erst aus zweiter Hand darbietet, wäre der Ausdruck hier zu schwach und sinnwidrig — auf der Bühne würde die Schwäche zur Ohnmacht werden, und selbst die tüchtigsten Künstler würden mit der Melodie nichts anzufangen, noch sie seelisch so zu färben vermögen, wie die Situation es verlangt. Und die Sache wird dadurch gewiss nicht besser, dass der Satz wiederholt wird, dass der Meister nochmals anhebt »Fürstin, lass den Sterbenden dich segnen«, dass Phoenix nochmals murmelt: »Muss ich lebenswarm dem Tod begegnen« und Tarudant nochmals schilt: »Fort, du Jammerbild voll Qual und Pein«. Man braucht aus der Wiederholung der Worte und der musikalischen Phrasen an und für sich kein besonderes Wesens zu machen. Sehr oft lässt sie sich künsterisch vollkommen rechtfertigen. Hier aber handelt es sich um einen rasch vorübergehenden Eindruck, der kein Verweilen zulässt. Hier musste der richtige Ausdruck nur für ein einziges Mal, aber mit einer dramatischen Praegnanz getroffen werden, dass er die Situation völlig erschöpfte. Und das ist nicht geschehen. Recht auf der Grenze zwischen Oratorium und Oper hat Loewe weder dem einen noch der anderen genug gethan. Das Beispiel ist überaus lehrreich und wird von Niemandem, der unbefangen prüft, günstiger beurtheilt werden können, so hoch man für sich betrachtet den musikalischen Werth der Stelle wie des ganzen, an bedeutenden und schönen Partieen sehr reichen, Werkes auch schätzen mag.

Es ist nur noch ein Schritt vom »Meister von Avis«, der zu mehr als drei Vierteln den Charakter der Oper trägt und doch keine ist, zu den wirklichen Opern Loewes, denen leider das Glück noch weniger als seinen Oratorien gelächelt hat. Es wurde schon darauf hingewiesen, dass dem Componisten mit der Gelegenheit, engere Fühlung mit dem Theater zu gewinnen, auch die Möglichkeit genommen war, seine Bedingungen gründlich kennen zu lernen. Aber das eigentliche Bühnengenie würde die Hindernisse überflogen und den rechten Weg instinktiv gefunden haben. Loewes Kräfte aber wurzelten in einem andren Boden — das Theater war ihm wohl ein lockendes Ziel für seinen künstlerischen Sturmlauf, aber ein Herrscherrecht besass er dort nicht. Und sind es wiederum auch hier die Texte, die seinen Opern gefährlich geworden sind, wie seinen Oratorien — es ist nicht anders: die Verantwortung dafür trifft ihn so gut wie seine Librettisten.

Schon während seiner Lehrzeit in Halle hatte Loewe seine Schwingen an einem Kotzebueschen Text erprobt — so stark trieb es ihn trotz aller Gegenwirkungen zur Bühne. Das Singspiel »Die Alpenhütte« entstand — nicht im Jahre 1810, wie man die Zahl auf der Originalpartitur, die mir Dank der Güte Dr. Runzes zur Einsicht vorgelegt hat, fälschlich lesen möchte, sondern 1816 — denn Kotzebues Dichtung erschien erst im Jahre 1814 in dem Opernalmanach für 1815. Auch würden innere Gründe dagegen sprechen, dass Loewe im frühen Knabenalter eine Musik niedergeschrieben haben sollte, für die ihm allein schon das technische, insbesondere auch das instrumentale Rüstzeug fehlte. Für das Werk eines Dreizehnjährigen ist die Composition zu reif — ist sie doch schon für den Neunzehnjährigen ein rühmliches Zeugniss. Denn so bescheiden die von ihm verwendeten Mittel auch sind: der Lokalton ist doch sehr hübsch getroffen, der Sturm tobt in dem kleinen Orchester, wie es sich gehört, die Liedweisen und Arien (Winterschen Charakters) sind melodiös und innig im Ausdruck, und in den komischen Sätzen des Birbante kündigt sich bereits der künftige Meister an, der für Ernst und Scherz, für die düsterste Tragik und den drolligsten Humor gleich bezeichnende Töne anzuschlagen weiss. Immerhin ein vielversprechender Anfang — und doch erfüllte der gereifte Künstler auf diesem Gebiete nicht, was seine jugendliche Talentprobe hoffen liess.

Zwar zeigt die 1825 vollendete Oper »Rudolf, der deutsche Herr«, deren Text, wie oben erwähnt, von Loewe selbst und seinem Studiengenossen Vocke herrührt, den Componisten in einigen bedeutenden Nummern wieder als den feinen Psychologen und scharfen Charakteristiker, wie wir ihn aus seinen Balladen kennen, aber von gleichmässig starkem musikalischen Interesse ist sie nicht, und die Unzulänglichkeiten des Buches sind dem ganzen Werke gefährlich und seinem Vordringen hinderlich gewesen. Und doch ist der Stoff nicht ohne dramatische Spannung und musikalische Anlage. Der Deutschritter Rudolf von Waldeck geräth in den Verdacht, die Sache der Christen an die Sarazenen zu verrathen; aber die heimlichen Besuche, die er dem Scheikh Abdallah abstattet galten der Sache des Friedens und seiner Liebe zu Abdallahs Tochter Allaïde. Zudem ist der Scheikh, ein Deutscher, nur durch ein wunderliches Geschick in den Orient verschlagen und Muselmann geworden, und je eher je lieber wünscht er mit seinen beiden Töchtern (Afanjah heisst die zweite) in die Heimath zurückzukehren. So klärt sich denn, nachdem sich Rudolf auch noch im Gotteskampf gegen den tückischen Ritter Cerivaglia bewährt hat, Alles zu seinen Gunsten auf, und das Ganze endet im schönsten Frieden.

Das sind die Grundzüge der Handlung, der es, wie man sieht, an wirksamen Contrasten nicht fehlt. Die weiche Luft des Orients mit seinen Blumen, seinen müden Gesängen und Tänzen giebt eine gute Folie für das kampfbereite Ritterthum ab, das sich vor Jerusalem zu Kaiser Friedrichs des Zweiten Zeit zum heiligen Kriege zusammenschaart. Für derbere und drastische Elemente, das Treiben im Zelt einer Soldatenwirthin, haben die Librettisten auch gesorgt, und in einer der beiden Redactionen, die wir von der Oper besitzen, der ersten, wird die heitere Afanjah sogar mit einem schweren Conflict belastet: sie selber liebt den ritterlichen Rudolf und entsagt ihm grossmüthig um Allaïdens willen. Das wäre denn dramatisches Material genug. Aber es ist nur typisch, nicht individuell gestaltet und gewinnt darum für Zuschauer und Hörer kein rechtes Leben. Vor allen Dingen ist es aber nicht genügend in Fluss gebracht. Einen viermaligen Scenenwechsel innerhalb des Aktes und die Längen des oft sehr schwer zu sprechenden jambischen Dialogs hätte selbst eine Musik, die auf der Höhe der genialsten Balladen Loewes stände, kaum zu besiegen vermocht. Und was nun auch bei den Theaterdirectionen den Ausschlag gegeben haben mag — die Oper blieb unaufgeführt. Die anmuthigen Chöre der Dienerschaft des Scheikh, ein Tanzlied der Afanjah, eine Romanze des Titelhelden, zeigen den liebenswürdigen Melodiker, auch die dramatischen Impulse brechen oft mit elementarer Kraft hervor — so in dem Terzett, in der Allaïdens Jammer über des Geliebten Missgeschick einen beredten Ausdruck findet —, aber die musikalische Form ist, wie so oft bei Loewe, entweder zu knapp oder zu breit gerathen. Ist das Letztere der Fall und sind die Motive dann nicht ungewöhnlich anziehend — was muss die Folge sein? Abspannung, Gleichgültigkeit. So in der Arie des Grossmeisters Hermann von Salza, die Loewe selber sehr hoch schätzte und die Dr. Max Runze, dankenswerth genug, mit andern Opern- und Oratorienarien Loewes in einem »Album« bei Breitkopf und Härtel hat erscheinen lassen. Sie ist durchaus im grossen dramatischen Stil gehalten, vorzüglich declamirt und noch nicht die ausgedehnteste unter ihren Genossinnen — aber trotz all ihrer guten Eigenschaften gewinnt sie uns nicht, weil ihre musikalischen Einfälle nicht stark und originell genug sind. Das gilt zum Theil auch von Rudolfs grosser Tenor-Arie »Was rieselt durch die Adern mir ein Grau'n?« Aber diese entschädigt uns durch ein meisterliches Recitativ, das (zu den so eben angeführten Eingangsworten) das stille Grauen mit dem Auffahren aus dem dumpfen Brüten, einem jähen Todesschreck vergleichbar, mit seelenkundiger Kunst contrastirt. Auch schwingt sie sich in ihrem Schlusssatz bei den Worten »Dann würd' ich dem Tode nicht erbeben« in einem bedeutenden und eigenartigen Thema (wenn auch diesmal ausnahmsweise mit nicht ganz correcter Betonung) zu einer stolzen Höhe empor, ganz wie die Arie der entsagenden Afanjah, deren immer wieder angeschlagenes, durch die Erhöhung um eine Quart ekstatisch gesteigertes Motiv uns in ein Herz blicken lässt, das von einer einzigen Empfindung ganz erfüllt, sich in der Aeusserung derselben nicht erschöpfen kann. Liebhaber mögen sich in der citirten Ariensammlung nachlesen und sich dann zugleich darüber wundern, dass der Meister dieselbe Arie in der Umarbeitung des Textes durch Herklots der Allaïde übertrug, die an Afanjahs Stelle statt der musikalisch herrlich getroffenen Worte »Wenn Lipp' an Lippe, wenn Aug' an Auge in süssem Rausche erglühend hing« nunmehr singt:

»Wenn schuldlose Wesen in Glut entbrennen,
Beschützt die Gottheit das liebende Paar.«

So weit führte ihn das Verlangen nach dem Theaterleben, dass er das innige Gefüge von Wort und Ton zerriss und den Noten, die sich mit dem Text vollkommen deckten, andere Worte unterlegte, die ihrem Geiste ganz fremd sind! Der Zug ist von starkem psychologischen Interesse.

Aehnliche Gegensätze wie im »Rudolf«, das Christenthum und der Orient, stossen in Loewes zweiter grosser Oper »Malekadhel« auf einander. Dass die Verse besser als dort sein würden, dafür bürgte der Name der Verfasserin des »Agathokles«, aber eine Dramatikerin war Caroline Pichler auch nicht. Die Handlung ist einfach und würdig geführt, aber sonderlich interessant ist sie nicht. Liebte in Jerusalem der Deutschritter die Moslemitin, so hier in Ptolemaïs der Moslem die Christin, und zwar keine geringere als Mathilde, Richard Löwenherzens Schwester. Der edle Malekadhel und sein königlicher Bruder Saladin halten sogar ein Bündniss der Beiden (Malekadhel ist der glücklich Liebende) für die einfachste Lösung aller Verwicklungen, aber Richard lehnt sich denn doch gegen das seltsame Ansinnen und den Herzenswunsch seiner Schwester auf. Mathilde geht in ein Kloster und kommt eben noch zu Recht, um Malekadhel zu beweinen, den ein paar ritterliche Schufte, unter ihnen Mathildens Verlobter Lusignan, in einen Hinterhalt gelockt und getödtet hatten.

Der Geist der opera seria, Spontinis Einfluss, regt sich in dem (1831 und 32 componirten, 1833 zuerst in einem Stettiner Abonnementsconcert aufgeführten) Werke, aber der echte und rechte Loewe kommt auch in ihm nicht zum Vorschein. Das Schönste und Empfundenste bringt ein Chor der heiligen Frauen auf dem Karmel:

Auch eine Arie Malekadhels singt eine Weise von zartestem Schmelz. Aber die andern mit ihr in der Breitkopf und Härtelschen Sammlung vereinigten Arien Montmorencys (eines platonischen Liebhabers der Mathilde), Richards und Mathildens werden schwerlich Jemanden auf die Bekanntschaft mit der ganzen Oper sehr begierig machen.

Ein reicheres Leben und stärkeres Opernblut pulsirt in der 1842 componirten »Emmy«, deren Heldin die Gemahlin des Grafen Leicester, jene Amy (oder Emmy) Robsart ist, deren tragisches Geschick von Walter Scott in seinem Roman »Kenilworth«, von Victor Hugo, Gottschall u. A. für die Bühne behandelt worden ist. Loewes Textdichter Melzer und Hauser hielten sich an den englischen Erzähler und verfielen damit in die unvermeidliche Buntscheckigkeit aller solcher nach Romanen bearbeiteter Theaterstücke. Dem Libretto eine stärkere Bühnenwirkung zu sichern, rief man die Hülfe des Berliner Opernregisseurs Baron von Lichtenstein an, aus dessen Händen das Buch immer noch vielfarbig genug und mit crassen Effecten überladen hervorging. Mit der Liebestragödie Leicesters und der schönen Emmy verbindet sich eine Haupt- und Staatsaction (Königin Elisabeth und ihr Hof), die teuflische Intrigue des schändlichen Varney, der Emmy tödtet, um durch Leicester an den Hof und zu Macht und Ansehen zu gelangen, und der Versuch des jungen Ritters Edmund, die ihm dermaleinst anverlobte Emmy mit Hülfe seines Milchbruders Mortimer aus der Burg, in der man sie verwahrt hält, zu befreien. Um dem schweren Ernst der Handlung ein erquickliches Gegengewicht zu schaffen, muss Leicesters Burgwart ein gutmüthiger Buffo, ein Componist heiterer Lieder und Präsident des Eulenclubs sein, der Nächtens unter dem Dache des lateinkundigen Wirths zum gespornten Hahn seine Sitzungen abhält. Und zu Allem müssen auch noch die Elfen in Wald und Wasser ihr Wesen treiben und die mit der unterhöhlten Brücke in den Strudel stürzende Emmy sanft zu sich herabzuziehen. Das ginge ja nun noch an. Dass sie aber im Angesichte der Königin und ihrer Grossen und nunmehr zur »Luftgestalt« gewordenen Heldin aus dem Wirbel noch einmal wieder emporsteigen und die vergeistigte Emmy in ihrem Flehen für den von Elisabeth verbannten Leicester unterstützen — das dürfte denn doch des Guten zu viel sein. Einer solchen Vermischung von Phantasie und Wirklichkeit bringt kein Mensch den nöthigen Glauben entgegen. Den Textdichtern mag es darum allerdings auch nicht zu thun gewesen sein. Sie wollten nur einen Bühneneffect mehr, und wess Geistes Kinder sie sind, das verrathen sie zu guter Letzt noch dadurch, dass sich ebenfalls coram publico aus den Wassern, in denen Emmy ertrunken, ein Kreuz erhebt, das in »Brillantfeuer« strahlen muss, bis der Vorhang zum letzten Male fällt.

Man denke sich nun diesen Mischmasch in zahlreiche Verwandlungen zerstückt, von gesprochenen Dialogen, von Ballets unterbrochen, man höre neben einigen leidlichen Versen ungezählte schlechte, in denen alle conventionellen Opernphrasen sich ein Stelldichein geben, und frage sich dann, ob man den Meister, der so heiss nach dem theatralischen Lorbeer rang, zu einem solchen Text beglückwünschen konnte. Was dem »Rudolf« und dem »Malekadhel« zum Schaden der Wirkung fehlte, das eigentliche Bühnenelement, das fand sich hier im Uebermass, aber mit unlauteren Mitteln zu unlauterer Geltung gebracht. Gleichwohl gab das Buch dem Componisten eine Fülle musikalischer Anregungen. Aber schon Marschner hatte die romanhafte Zersplitterung des gleichfalls nach einem Scottschen Roman, dem »Ivanhoe«, zurechtgezimmerten Textes zum »Templer und der Jüdin« büssen müssen — und gegen die »Emmy« ist sein Buch immer noch von einer fast classischen Einfachheit. Loewe nutzte redlich, was das Libretto ihm Brauchbares bot. Er lieh seinem Liebespaar weiche und zärtliche Töne, dem Bösewicht den härtesten Trotz. Er liess es an leichten Tanzweisen nicht fehlen und verwandte für einen Huldigungschor an die Königin das »Rule Britannia« sehr wirksam. Der Romantik der Elfen blieb er so wenig etwas schuldig wie dem Komik der »Eulen«, die er einen drolligen Chor singen lässt. Und doch — der Vergleich mit Marschner liegt hier allzu nahe — so viel wie dieser im »Templer« vermochte er uns musikalisch nicht zu sagen. Das letzte Unwiderstehliche fehlt. Auch in der Ouverture (ich hörte sie vor dreissig Jahren in Bremen unter Heinrich Kurths Leitung unter der weise gewählten Bezeichnung: Ouverture zu »Kenilworth«); sie fährt zwar ganz energisch darein und contrastirt ein inniges Andante treflich mit der stürmischen Hauptweise des Allegro, und einem prunkvollen Schlusssatz, doch so gut und tüchtig das Alles gedacht und ausgeführt ist — über den Stil Balfes, Lindpaintners, Reissigers u. A. erhebt es sich doch kaum, und hatten diese ihre Zeit, so war es eben nicht verwunderlich, dass auch Loewe sich als Operncomponist nicht zur Geltung zu bringen vermochte. Freilich so viel wie jene hätte er auch auf der Bühne einmal gelten können und müssen, wären ihm bessere Texte beschieden gewesen. Das aber war sein Verhängniss. Die Librettisten liessen ihn im Stich, und er war ihren Fehlern gegenüber nicht kritisch genug. Er besass weder Mozarts noch Webers sicheres Gefühl und kühn bessernde Hand. So musste er sein Loos denn tragen, und ich fürchte, es wird vergeblich sein, die verschollenen, auf dem Theater niemals erschienenen Opern noch jetzt dorthin zu verpflanzen. Warum auch? Hier gilt, was schon von seinen Oratorien gesagt werden musste. Schlummern doch auch Opern von Gluck, Mozart, Weber, Meyerbeer, von Schubert und Schumann den Schlaf der Vergessenheit. Und harrt doch auch so manches treffliche Werk der Neuzeit vergebens auf den Leben

Hochverehrter Herr Hofrath!

Der Fall zu Ehr. z.[?] Kriegs- u. Staats[?] Herr Baron von Zwiedineck ist meiner Ansicht überzeugt, die Bestimmungen[?] zu unterrichten. Ich habe ihn gebeten, diesen Herrn Baron Gerichts- Instrument[?] z. u. Richter zur Erledigung zuzuziehen. Sowie zur Aufsicht gezogen sei, so wiesen[?] ich an die Beamten[?] genau nach[?] unsere der [?] gegen. Da ich der [?] Ernenn[?] der [?] unterschied[?] so hatte D. [?] mich mit der Güte, mir ihr den seligen Amoretti[?] der Tage aute[?] Mantel[?] [?] nicht ein auf fünftzehn 13 h. stand die Feuchtigkeit[?] fingt[?] (auch wir die hülfte war zu mir aug[?]

Auffallender wurde D[?] mir[?] weiß[?] war[?] [?] zu [?] Daß ich anwesend ein H. v. Zwiedineck in Auersperg Empfohl, einleuch[?] hörbar bin Aufgaben Erhoffnit[?] auf haben. Ich hoffe Ihre Hochtapfergang[?] zu morgen[?] zu

spendenden Bluttrank der Bühnenaufführung. Wenn aber — dann sind es immer noch die Lebenden, die Recht haben und denen die Todten weichen müssen, wenn ihre Werke nicht mit dem Stempel der Ewigkeit gezeichnet sind.

Und eben darum lohnt es sich nicht, auf die übrigen Opern Loewes hier, wo es sich nur um eine gedrängte Uebersicht über sein Schaffen handeln kann, näher einzugehen: weder auf »Die drei Wünsche«, eine orientalische Märchenoper, mehr ein Singspiel, mit einem Text von Raupach, das einzige der Loewe'schen Bühnenwerke, das über die Bretter ging, noch auf die »Neckereien«. »Die drei Wünsche«, deren sich die Königliche Oper in Berlin angenommen hatte, erlebten im Februar 1833 nicht mehr als einen Achtungserfolg, und selbst der ergebenste Anhänger des Componisten weiss ihnen nichts besseres nachzusagen, als dass sie »ein Gelegenheitswerk und weitaus am Wenigsten hervorragend unter Loewes Arbeiten auf dem Gebiet der Oper« seien. Viel günstiger lässt sich über die »Neckereien« urtheilen, deren Libretto (von E. A. Mühlbach) eine harmlose Verkleidungskomödie ganz artig durchführt, und deren Musik besonders in den Partieen des alten Gecken Montenegro, der Zofe Bella und des Narren Pedrillo den Stil der italienischen opera buffa sehr lustig, bald graziös, bald drastisch und mit den originellsten melodischen Einfällen nachahmt. Ihrer nachträglichen Gewinnung für das Theater liesse sich, da auch ihr äusserer Apparat nicht allzu schwierig ist, noch am ehesten das Wort reden, und da ihre Tonsprache mit denen so vieler auf der Bühne immer noch heimischer Buffowerke aus älterer Zeit sich nahe berührt, würde man nicht zu fürchten brauchen, dass das Publikum ihren Stil nicht verstünde und ihr ganzes Wesen veraltet fände. Freilich wäre damit auch nicht mehr als eine Pflicht der Pietät erfüllt. An eine bleibende Gewinnung der Oper für das deutsche Theater dürfte man nicht denken. Die Musikkenner, die Verehrer Loewes würden sich ihrer Bekanntschaft freuen, aber in dem Schwall alles dessen, was seit einem Jahrhundert über unsre Bühnen geht, was sich dort erhalten und was sich Neues zu ihm gesellt hat, würde sie vermuthlich doch bald wieder versinken. Leisten wir also Verzicht. »Auch das Schöne ist sterblich.« Das ist eine tragische Erfahrung. Und es ist schon Schöneres versunken und vergessen.

## AUSGANG.

Loewe hat den Stoss, den der Stettiner Magistrat seinem Herzen zugefügt, nicht mehr verwinden können. Mit seiner zweiten Fahrt nach Kiel sanken ihm Muth und Hoffnung, und in trüber Resignation wartete er auf das Ende. Wie Iphigenie das Land der Griechen, so suchte er die alte Heimath mit der Seele; »und es gewöhnt sich nicht mein Geist hieher« — so klang es ihm oft von den Lippen, wenn die Töchter ihn zum Spaziergang in's Freie, in den dichten Buchenwald von Düsternbrook führten. Eine Orgel rührte er nicht mehr an, aber die Seinen Abends um den Flügel zu versammeln, blieb ihm Erquickung und Freude. Auch trösteten ihn die Grüsse der in Stettin zurückgebliebenen Freunde (Giesebrecht, Karl Ernst August Schmidt, Dr. Ferdinand Calo, der Gymnasialdirector Heydemann u. A.) und die Ehrungen, die man ihm dort an seinem Geburtstage 1866 durch eine Feier, die Giesebrecht mit einer Rede eröffnete, und im Frühjahr 1867 durch die Aufstellung seiner Büste in der Aula erwies. Noch erlebte er die Freude, dass seine jüngste Tochter Anna sich (im Mai 1866) mit dem Capitan-Lieutenant Ulffers vermählte, aber auch das Leid, die junge Frau an einem unheilbaren Leiden dahinsiechen zu sehen. Ihr Geist umnachtete sich. Der Armen einen Lichtstrahl in das Dunkel zu bringen, soll er noch einmal ein Lied, »Die Nacht am Rhein«, componirt haben, doch ist es jetzt bekannt geworden, dass es von Anna selbst herrührt. Still und stiller, aber auch immer heiterer und ergebener, brachte er so sein Leben zur Ruhe. Am Morgen des achtzehnten April 1869 traf ihn abermals ein Schlaganfall, der ihn besinnungslos niederstreckte. Wohl wehrte sich der Körper heftig gegen den Tod — erst am zwanzigsten April Morgens um 9 Uhr kam nach schwerer Agonie das Ende. Aber da dem Sterbenden das Bewusstsein nicht wiedergekehrt war, schied er doch

Carl Loewe
nach der letzten Photographie.

schmerzlos, »sanft« hinüber, und wir haben nicht nöthig uns der traurigen Vorstellung hinzugeben, dieser grosse Geist, dieses reine Herz habe in den letzten Stunden (wie es nach Runze's Loewe redivivus, p. 372 u. 373 scheinen möchte) noch einen leidvollen Kampf mit dem Leben zu bestehen gehabt.

Auf dem alten Kirchhof zu Kiel liegt er begraben, nach wenigen Jahren schon mit seiner Tochter Helene vereint, die das Gedächtniss des Vaters so kindlich treu und verständnissvoll festzuhalten sich bemüht hat, und die jetzt dasselbe Grab mit ihm umschliesst.

Die dreissig Jahre aber, die seit Loewe's Tode dahingegangen, sind für den Ruhm des Todten keine verlorenen gewesen. Wäre er nur eins von jenen zahlreichen Halbtalenten gewesen, die die Kunst verstehen, sich effectvoll herauszuputzen und, durch journalistische Freunde und Cliquen unterstützt, die Lebenden über ihre wirkliche Begabung zu täuschen, es hätte sich längst erweisen müssen. Aber es wird nur immer klarer, dass das Beste, was er geschaffen, auch zu dem Unvergänglichen gehört. Nicht nur tüchtige Männer wie Eduard Grell, auch ein Genie wie Robert Schumann hat ihn den Grössten beigesellt, und kein Geringerer als Richard Wagner war ein enthusiastischer Bewunderer seiner Balladen. Hingebende Verehrer seiner Person und seiner Sache wirken wo sie können für seine Verbreitung, und eigene Gesellschaften (wie der schon im sechszehnten Jahre verdienstvoll thätige Berliner Loewe-Verein) haben sich zur Pflege Loewe'scher Kunst und zur Förderung ihres Verständnisses zusammengeschlossen.

Loewe's Grab in Kiel.

Wer überhaupt ein Recht mitzureden hat, erkennt seine unvergleichbare Grösse an, und höchstens ein paar Musiker, denen ihre Kunst Verstandessache ist, pedantische Formalisten, die nur in Fugen denken und empfinden können, und geistreiche Tüftler und Lisztianer sans phrase schliessen sich davon aus. Wer aber eine künstlerische Individualität zu erfassen vermag, der verneigt sich so tief vor ihm, wie es sich gebührt. Und da diese Individualität sich mit der Gattung, die sie vertritt (der Ballade), vollkommen deckt, ihr Typus, ihre Verkörperung, da sie von Manier und Grille ganz frei, volksthümlich und im Kerne deutsch ist, so erklärt es sich vollauf, dass sie auf Kenner wie auf Laien gleich kräftig, mit der Stärke einer Offenbarung wirkt.

Heute ragen seine Ehrenmäler in Kiel, Löbejün und Stettin. Auf den Lippen und in den Herzen der deutschen Sänger aber wird er

Linke Seitengruppe des Stettiner Loewe-Denkmals.
Von Hans Weddo von Glümer.

als Deutschlands Balladencomponist unsterblich leben. Wenn sich sein kräftiges dramatisches Vermögen auf den breiten Flächen von Oratorium und Oper verflüchtigte, wenn das Lied und das reine Instrumentalwerk zu viel von seiner Subjectivität forderten — die Ballade blieb ihm als sein eigenstes Reich, von der Gottheit selbst ihm zugewiesen. Hier konnte er, in knapp bemessenen Grenzen Epiker, Lyriker und Dramatiker zugleich sein. Hier kam ihm die Aussenwelt entgegen, die seine Seele befruchten musste, wenn sie das Herrlichste gebären sollte, und sie erschien ihm in der phantastischen heimlich-unheimlichen Gestalt, die ihm von Jugend auf vertraut war.

»Aus den Wolken muss es fallen,
Aus der Götter Schooss, das Glück«.

Selten trifft das schöne Dichterwort völliger zu als auf Loewes Balladencompositionen. Himmlische Gaben sind es, die von oben kommen; die Arbeit hat ihnen wenig oder nichts hinzugefügt und hinzufügen können.

Noch hat es ihm in diesem seinem Revier Keiner gleich gethan, wenn auch dem oder jenem einmal eine Ballade gelungen ist: wie den herrlichen Liedermeistern Schubert und Schumann. Auch Loewes Jünger sind bis jetzt nur talentvolle Epigonen geblieben, auf denen der Druck seiner Meisterschaft lastet. Und so wird er im Reich der Ballade vermuthlich der Alleinherrscher bleiben. Erfindungen der Technik, Kunstfertigkeiten kleiner Talente muss und kann man durch Patente schützen, der Genius aber trägt den Schutz gegen die Concurrenz, die sichere Gewähr, nicht als Dutzendwaare auf den Markt zu gelangen, in sich selber. Und solch' ein Genie war Carl Loewe.

www.ingramcontent.com/pod-product-compliance
Lightning Source LLC
Chambersburg PA
CBHW021714230426
43668CB00008B/833